中华文化风采录

绝美自然风景

滔滔的长江

刘晓丽 编著

北方妇女儿童出版社

·长春·

图书在版编目(CIP)数据

滔滔的长江 / 刘晓丽编著. —长春 ： 北方妇女
儿童出版社，2017.1（2022.8重印）
　　（绝美自然风景）
　　ISBN 978-7-5585-0671-0

　　Ⅰ．①滔… Ⅱ．①刘… Ⅲ．①长江流域－文化
史 Ⅳ．①K295

中国版本图书馆CIP数据核字(2016)第305984号

滔滔的长江
TAOTAO DE CHANGJIANG

出 版 人　师晓晖
责任编辑　吴　桐
开　　本　700mm×1000mm　1/16
印　　张　6
字　　数　85千字
版　　次　2017年1月第1版
印　　次　2022年8月第3次印刷
印　　刷　永清县晔盛亚胶印有限公司
出　　版　北方妇女儿童出版社
发　　行　北方妇女儿童出版社
地　　址　长春市福祉大路5788号
电　　话　总编办：0431-81629600

定　　价　36.00元

习近平总书记说："提高国家文化软实力，要努力展示中华文化独特魅力。在5000多年文明发展进程中，中华民族创造了博大精深的灿烂文化，要使中华民族最基本的文化基因与当代文化相适应、与现代社会相协调，以人们喜闻乐见、具有广泛参与性的方式推广开来，把跨越时空、超越国度、富有永恒魅力、具有当代价值的文化精神弘扬起来，把继承传统优秀文化又弘扬时代精神、立足本国又面向世界的当代中国文化创新成果传播出去。"

为此，党和政府十分重视优秀的先进的文化建设，特别是随着经济的腾飞，提出了中华文化伟大复兴的号召。当然，要实现中华文化伟大复兴，首先要站在传统文化前沿，薪火相传，一脉相承，弘扬和发展5000多年来优秀的、光明的、先进的、科学的、文明的和自豪的文化，融合古今中外一切文化精华，构建具有中国特色的现代民族文化，向世界和未来展示中华民族具有独特魅力的文化风采。

中华文化就是中华民族及其祖先所创造的、为中华民族世世代代所继承发展的、具有鲜明民族特色而内涵博大精深的优良传统文化，历史十分悠久，流传非常广泛，在世界上拥有巨大的影响力，是世界上唯一绵延不绝而从没中断的古老文化，并始终充满了生机与活力。

浩浩历史长河，熊熊文明薪火，中华文化源远流长，滚滚黄河、滔滔长江是最直接的源头，这两大文化浪涛经过千百年冲刷洗礼和不断交流、融合以及沉淀，最终形成了求同存异、兼收并蓄的辉煌灿烂的中华文明。

中华文化曾是东方文化的摇篮，也是推动整个世界始终发展的动力。早在500年前，中华文化催生了欧洲文艺复兴运动和地理大发现。在200年前，中华文化推动了欧洲启蒙运动和现代思想。中国四大发明先后传到西方，对于促进西方工业社会形成和发展曾起到了重要作用。中国文化最具博大性和包容性，所以世界各国都已经掀起中国文化热。

中华文化的力量，已经深深熔铸到我们的生命力、创造力和凝聚力中，是我们民族的基因。中华民族的精神，也已深深根植于绵延数千年的优秀文化传统之中，是我们的精神家园。但是，当我们为中华文化而自豪时，也要正视其在近代衰微的历史。相对于5000年的灿烂文化来说，这仅仅是短暂的低潮，是喷薄前的力量积聚。

中国文化博大精深，是中华各族人民5000多年来创造、传承下来的物质文明和精神文明的总和，其内容包罗万象，浩若星汉，具有很强的文化纵深感，蕴含丰富的宝藏。传承和弘扬优秀民族文化传统，保护民族文化遗产，已经受到社会各界重视。这不但对中华民族复兴大业具有深远意义，而且对人类文化多样性保护也有重要贡献。

特别是我国经过伟大的改革开放，已经开始崛起与复兴。但文化是立国之根，大国崛起最终体现在文化的繁荣发展上。特别是当今我国走大国和平崛起之路的过程，必然也是我国文化实现伟大复兴的过程。随着中国文化的软实力增强，能够有力加快我们融入世界的步伐，推动我们为人类进步做出更大贡献。

为此，在有关部门和专家指导下，我们搜集、整理了大量古今资料和最新研究成果，特别编撰了本套图书。主要包括传统建筑艺术、千秋圣殿奇观、历来古景风采、古老历史遗产、昔日瑰宝工艺、绝美自然风景、丰富民俗文化、美好生活品质、国粹书画魅力、浩瀚经典宝库等，充分显示了中华民族厚重的文化底蕴和强大的民族凝聚力，具有极强的系统性、广博性和规模性。

本套图书全景展现，包罗万象；故事讲述，语言通俗；图文并茂，形象直观；古风古雅，格调温馨，具有很强的可读性、欣赏性和知识性，能够让广大读者全面触摸和感受中国文化的内涵与魅力，增强民族自尊心和文化自豪感，并能很好地继承和弘扬中国文化，创造未来中国特色的先进民族文化，引领中华民族走向伟大复兴，在未来世界的舞台上，在中华复兴的绚丽之梦里，展现出龙飞凤舞的独特魅力。

大美之江——壮丽山川

历史新篇——开创辉煌

长江是亚洲第一大河、世界第三大河，距今已有1.8亿年历史。长江和黄河并称为中华民族"母亲河"。长江文化是中华文化的重要链条，也是中华民族长江文明与精神的源头。

长江发源于青藏高原唐古拉山主峰各拉丹冬雪山，途中流经三级阶梯，自西向东，长江支流众多，长江流域东西宽约3219千米，南北宽约966千米，流经11个省、自治区、直辖市，最后在上海注入东海。长江全长6397千米，具有极为丰富的自然资源和水资源。

大美之江

壮丽山川

青、黄二龙大战魍魉造长江

　　传说有一年，人间大旱，山神土地们纷纷向天界告急。如来佛祖知道青龙、黄龙两条孪生龙深谙人间世道，便差遣它们来到人间，为人间除害。

长江源头

■ 唐古拉雪山

青、黄二龙来到人间，经过仔细查探得知，是住在东海之滨的作恶多端的"魍魉"二妖在人间作怪。这两个妖精让它们的魔子魔孙分散到人间，到处放火，又施法术让每个人心里藏一种"疬火"，使人们互相作恶，搅乱了人间的世界。

青、黄二龙看到人间如此情景，痛心不已，决心替人间除去恶魔，重整人间正道。于是，他们化装成两个出家人，以治疗邪病为名，以去除人们心中的恶念之疾。

由于受"魍魉"的毒害，当时的人普遍患了一种叫"魇"的病，只有暗算别人或做一些损人利己的事，才能暂时缓解这种病痛带来的巨大痛苦。

化装成和尚的青、黄二龙，先让人们服用一些朱砂、珍珠和海藻，教人们念驱除"疬火"的咒诀。经过这样的调治，很多人很快就恢复了善良的本

如来佛 释迦牟尼佛，即如来佛祖，原名乔达摩·悉达多，佛教创始人。成佛后被称为释迦牟尼，尊称为佛陀，意思是大彻大悟的人。民间信徒称呼他为佛祖。本是古印度迦毗罗卫国的太子，是释迦族人，属刹帝利种姓。

性，解除了心疾之痛。

　　有关出家人给人治病的事情，一传十，十传百，人们奔走相告。3个月以后，成千上万的人开始重新过上了正常人的生活，人们纷纷传说人间来了两位活神仙。

　　居住在东海之滨的"魍魉"，听说有人破了它们的法术，便派手下两员得力的干将鳄鱼精和蛤蟆精前来人间探听虚实。

　　蛤蟆精狡诈且诡计多端，它说服头脑简单而又凶悍的鳄鱼精，扮成两个前去疗疾的病人，混在人群里，来到两个和尚居住的地方。

　　已有千年道行的蛤蟆精在山头远远望去，它看到一片树荫下，两位和尚头上放出青、黄两道光，直通太虚幻境。蛤蟆精知道对方来头不小，便心生一计。

　　它告诉鳄鱼精，这是两个小毛神，不必放在心上。它让鳄鱼精先坐在地上歇息，它一个人去就可以手到擒来，把两个小毛神抓回去见主子。

　　鳄鱼精听后大怒道："这便宜不叫你蛤蟆精一个人捡了吗？"说

长江源头

着，它便现了原形，张开铡刀般的大嘴直扑两位和尚。

■ 长江源头纪念碑

两位和尚早知是两个妖精来了，坐在那里不动声色。他们见鳄鱼精现出原形直扑过来，其中一位手中打出一个弹子大小的龙珠，对准鳄鱼精，只一下便把它打翻在地。

鳄鱼精见势不妙，正要翻身逃跑，另一位和尚把手一翻，便把它抓得脑浆迸裂。蛤蟆精却趁此机会驾一阵风急忙跑回东海之滨，告诉"魍魉"那两位和尚是青、黄二龙。

"魍魉"听后大怒，亲自点魔兵5万前来挑战。青、黄二龙先让人们隐藏起来，然后驾云布阵，在空中迎战"魍魉"。青、黄二龙各施法力，与魔兵大战了七天七夜。"魍魉"二妖眼见自己的魔兵越来越

魍魉 古代传说中的山川精怪。一说为疫神，传说为颛顼之子所化。严格地说，是"山精"，是"木石之怪"的总称呼。还有一说，魍魉是颛顼的二儿子，这个儿子死得很早，冤魂不散，所以化作魍魉到处为害。

少，又商量了一个歹毒的主意。

"魍魉"二妖各施魔法，招集所有死心塌地跟随它们的人，由自己驾驭，分南北排成两条长蛇阵。从远处望去，妖雾缭绕，像盘踞在大地上的两条喷火的滚滚巨龙，缓缓向中间挤来。巨龙所过之处，万物皆为焦土，二妖决心把青、黄二龙和挣脱它们控制的人一齐灭掉。

青、黄二龙已经和魔兵苦战了几天几夜，精疲力竭。当他们看到"魍魉"妄图毁掉自己救出的人时，便下定决心保护他们。

于是，他们不顾安危，化成青、黄两条冰凉的大河，分别迎着两条火龙而去。当它们与"火龙"接触时，死心塌地跟随妖精的人与魔子魔孙纷纷被巨大的旋涡卷入河中。

又经过了三天三夜，青、黄二龙终于把两条"火龙"赶出数千米之外。青、黄二龙用他们巨大的身躯，渐渐地把"火龙"压在身体之下。

最后，两条龙伤了元气，渐渐潜入地下，形成两条长达数千米的大河。后来，人们为了纪念青、黄二龙，就把两条河流分别取名为长江和黄河。

直至后来，长江和黄河两岸的炎黄子孙，仍靠两条大江大河养育，生生不息地繁衍着。

阅读链接

在我国古代文献中，常用"江"来特指长江。东晋王羲之和孙绰是较早用"长江"之名的。在《晋书·王羲之传》中，王羲之写信给殷浩说："今军破于外，资竭于内，保淮之志非复所及，莫过还保长江！"这段话的意思是，现在敌军在外部进攻，而内部的军资已经用尽。保淮河流域的设想已经不能再实现了，还不如退回去保住长江流域。

在《晋书·王羲之传》中，孙绰上疏道："天祚未革，中宗龙飞，非唯信顺协于天人而已，实赖万里长江画而守之耳。"

造山运动造就万里长江

　　青、黄二龙大战魍魉造长江的故事只是一个神话传说，长江真正起源于地球三叠纪末期的一次造山运动。

　　长江的历史源远流长，沿程贯穿若干不同线系的山地和不同时代的构造盆地，它的形成与发育历史，以及地质构成都十分复杂。

造山运动遗迹

■ 造山运动形成山川

青藏高原 我国最大、世界海拔最高的高原，分布在我国境内的包括西南的西藏自治区、四川西部以及云南部分地区，青海全部、新疆维吾尔自治区南部以及甘肃部分地区。境内面积257万平方千米，平均海拔4000~5000米，有"世界屋脊"和"第三极"之称，是亚洲许多大河的发源地。

早在远古时代，长江流域的绝大部分被海水淹没。在两亿年前的三叠纪时，长江流域大部分仍被古地中海，即特提斯海所占据。

在当时，西藏、青海部分、云南西部和中部、贵州西部都是茫茫的大海。湖北西部是古地中海向东突出的一片广阔的海湾，海湾一直延伸到后来的长江三峡中部。长江中下游的南半部也浸没在海底，中下游的北部和华北、西北亚欧古陆的东部，地势较高。

发生在1.8亿年前三叠纪末期的印支造山运动，促使了古长江的形成。那时，地球上开始出现了昆仑山、可可西里山、巴颜喀拉山、横断山脉，秦岭突起，长江中游南半部隆起成为陆地，云贵高原开始呈现。在横断山脉、秦岭和云贵高原之间，形成断陷盆地和槽状凹地。

这一时期，云梦泽、西昌湖、滇湖等相互串联，从东向西，经云南西部的南涧海峡，流入地中海，与后来的长江流向相反，这便是古长江的雏形。

在1.4亿年前的侏罗纪时期，发生了一次燕山运动。这次运动使得长江上游形成了唐古拉山脉。此时，青藏高原缓缓抬高，形成许多高山、深谷、洼地和裂谷。

当时，长江中下游的大别山和川鄂间的巫山等山脉开始隆起，四川盆地开始凹陷，古地中海进一步向西部退缩。直到距今1亿年前的白垩纪时期，四川盆地才缓慢上升。由于夷平作用的不断发展，云梦盆地和洞庭盆地又继续下沉。

在3000万年至4000万年前的始新世，地壳又发生了强烈的喜马拉雅运动。伴随着这次强烈的地质运动，青藏高原隆起，古地中海消失，长江流域普遍间歇上升。其上升程度，东部和缓，西部急剧。金沙江两岸高山突起，青藏高原和云贵高原显著抬升，同时形成了一些断陷盆地。

在长江上游有一条江，沿江盛产沙金，由于江中

纳西族 我国少数民族之一，主要聚居于云南丽江古城区、玉龙纳西族自治县、维西、香格里拉等地。纳西族有两种传统文字——东巴文和哥巴文。东巴文是一种兼备表意和表音成分的象形文字，文字形态比甲骨文还要原始，是世界上唯一活着的象形文字。纳西族信仰东巴教、藏传佛教等宗教。

■ 金沙江第一湾

出现大量淘金人而称金沙江。金沙江的主要支流有流域面积超过10万平方千米的雅砻江，还有左岸的松麦河、水落河，右岸的普渡河、牛栏江、横江5条流域面积在1万平方千米以上的支流。

关于金沙江还有一个美丽的传说呢。传说金沙江是一位聪明善良、美丽动人、追求理想的姑娘。姑娘的父亲是天神雷公，母亲是马头山姆。她的母亲怀胎9999年后，她才出世，她由月亮洗过后，就开始奔自己的前程。

当金沙江走到纳西族居住地时，人们给她取名为"依丙"，从此她和纳西族结下了不解之缘。后来，她要去东边的大海找妈妈。

就在她即将到达石鼓的时候，被凶恶的石岩挡住，她一次次地猛推，石岩阻挡她，汹涌的水流淹没了田园村落。她不忍心，便一口将洪水吸干，解救了身陷水患的人们。

天上的主神天帝见金沙江如此善良，就派一员大将把石岩射开，劈开一条道路，金沙江这才离去。她走的时候依依不舍，一步三回头，过了3339年后又返回来，这段江河便形成曲曲弯弯的河道。

滔滔的长江

■奔腾的金沙江

大美之江

壮丽山川

　　传说终归是传说，大自然的鬼斧神工却是真实的存在。在河流的强烈下切作用下，大地上出现了许多深邃险峻的峡谷，原来自北往南流的水系相互归并，折向东流。

　　长江中下游上升幅度较小，形成中、低山和丘陵，低凹地带下沉为平原，如两湖平原、南襄平原、都阳平原和苏皖平原等。到了300万年前时，喜马拉雅山强烈隆起，才使得长江流域西部进一步抬高。

　　说起喜马拉雅山，要从20亿年前说起。当时的喜马拉雅山脉地区还是一片汪洋大海，称古地中海，它经历了整个漫长的地质时期，一直持续到3000万年前的新生代早第三纪末期。

　　到了早第三纪末期，地壳发生了一次强烈的造山运动，在地质上称为"喜马拉雅运动"，使这一地区逐渐隆起，形成了大地上最雄伟的山脉。但是，喜马拉雅的构造运动尚未结束，在第四纪冰期之后，它又升高了1300~1500米，而且在漫长的岁月中，它还一直处在缓缓的上升中。

　　喜马拉雅山脉是从阿尔卑斯山脉到东南亚山脉，这一连串欧亚大

■ 清澈的金沙江

京杭大运河 是我国也是世界最长的古代运河。北起北京，南至杭州，流经天津、河北、山东、江苏和浙江，沟通海河、黄河、淮河、长江和钱塘江五大水系，全长1794千米。京杭大运河对我国南北地区的经济、文化发展与交流，特别是对沿线地区工农业经济的发展均起到了推动作用。

陆山脉的组成部分，所有这些山脉都是在过去6500万年间，由地壳造成巨大隆起的环球板块构造力形成的。在侏罗纪时期，一条深深的地槽特提斯洋与整个欧亚大陆的南缘交界了，古老的贡德瓦纳超级大陆开始解体。

在其后的3000万年间，由于特提斯洋海底被向前猛冲的印澳板块推动起来，它的较浅部分逐渐干涸，形成了西藏高原。在高原的南缘，外喜马拉雅山脉成为这一地区的首要分水岭，并成为一个天然屏障，水流才得以在此汇聚。

后来，又经过了若干世纪，从湖北伸向盆地的古长江溯源侵蚀作用加快，切穿了巫山，使东西古长江贯通一气，江水浩浩荡荡，注入东海，长江最终形成，并成为我国的第一大河。

长江水系分为上、中、下游3段。长江在湖北宜昌以上为上游，包括沱沱河水系、通天河水系、金沙江水系和川江水系等。

中游自宜昌至鄱阳湖湖口，包括清江、洞庭湖水系、汉江、鄂东诸河等支流，曲流发达，多湖泊，其中以鄱阳湖和洞庭湖两湖最大。

下游自鄱阳湖湖口至长江口，包括鄱阳湖水系、皖河、巢湖水系、青弋江、水阳江、滁河、淮河入江水道以及太湖水系等支流，江宽，江口有冲积而成的崇明岛。长江下游水道更宽，水深更深，下游所流经的地方有"鱼米之乡"之称，并可通航5000吨级以上船只。

长江流域是我国人口密集、经济繁荣的地区，沿江重要城市有重庆、武汉、南京和上海等。长江在四川奉节以下至湖北宜昌为雄伟险峻的三峡江段。

长江是我国水能和资源最富集的河流，长江干流通航里程达2800多千米，素有"黄金水道"之称。长江年平均入海水量9600多亿立方米。

长江流经西藏、四川、重庆、云南、湖北、湖南、江西、安徽、江苏等地，在江苏镇江同京杭大运河相交，在上海注入东海。

阅读链接

关于金沙江还有一个美丽的传说。传说远古造山运动时期，珠穆朗玛崛起成了万山之王，王城就在神州西方。王妃唐古拉山有个女儿叫金沙江。

一天，金沙江偷偷乘夜出行，却误入滇西。她只好来到玉龙雪山和哈巴雪山镇守的王城边关。因有王命，不能随便入关，待到夜深时，哈巴雪山对金沙江说："姑娘，你走吧，趁这美丽的夜色。"

于是，金沙江告别哈巴雪山，冲出百里长峡。哈巴雪山自知罪责难逃，便自刎在江边。

后来，珠穆朗玛和唐古拉王妃听说这件事后非常悲伤，立即派人带着嫁妆赶去四川，在宜宾和江南为女儿金沙江操办了婚事，从此以后，金沙江就叫长江了。

源于唐古拉山脉的大河

  在美丽的青藏高原，有一座奇特的山峰——各拉丹冬雪山，这里景观奇特壮观。山上是冰雪的世界，到处银装素裹；山下草原上盛开着五颜六色的野花，姹紫嫣红，草原上点缀着成群的牛羊。这里就是绵延万里的长江发源地，也是我国最具特色的冰川雪山之一。

  各拉丹冬位于唐古拉山中段，藏语意为"高高尖尖的山峰"，海

沱沱河景区

拔约6600米，是唐古拉山脉的主峰。各拉丹冬突耸于青海西南部青藏边境，系由一大片南北长达50余千米、东西宽30余千米、攒聚50余条巨龙般之山岳冰川群所组成。

长江上游河段西起青藏高原各拉丹东，东至湖北宜昌，全长4511千米。该段干支流流域覆盖面积宽广，包含青藏高原，东至湖北宜昌，北到陕西南部，南至云南以及贵州北部的广大地区。

长江自江源各拉丹冬峰西南侧的姜根迪如南支冰川开始，冰川融水与孜恰迪如岗雪山东南一交融水相会合，称纳钦曲。往北穿过古冰川槽谷，出唐古拉山区与切苏美曲汇合后，称为沱沱河。

沱沱河便是长江的上源，出自青海的唐古拉山脉各拉丹冬雪山，经当曲以后称为通天河。南流到玉树县巴塘河口以下至四川宜宾这一段称为金沙江，宜宾以下始称长江。

沱沱河河谷开阔，岔流发育呈辫状，北流至祖尔肯乌拉山区，折转东流，旁蚀发展，宽浅多汊，变化不定，为典型的宽谷游荡型河流。至囊极巴陇附近，当曲从右岸汇入后，始称通天河。

■ 奔流的通天河

藏族 我国56个民族中的一个民族，主要居住在我国境内使用藏语的民族。藏族主要聚居在西藏自治区以及青海、甘肃、四川、云南等处，有自己的语言和文字。藏语属汉藏语系藏缅语族藏语支，分为卫藏、康巴、安多三种方言。现藏文是7世纪初根据古梵文和西域文字制定的拼音文字。

通天河向东南流，河床逐渐束窄，两岸山岭相对高差可达500米左右，河谷呈宽"V"字形。登艾龙曲口以下入峡谷区，河槽归一，水深增加。至青海直门达，长江干流沱沱河和通天河全长1100余千米。其中沱沱河长350多千米，落差近2千米。

江源西部地区，人迹罕至，有"无人区"之称。东部人口稍多，居民主要为藏族，从事畜牧业，玉树附近始有农业和林业。

直门达以下江段称为金沙江，南流至云南丽江石鼓，为金沙江上段，长950余千米。本段为典型的深谷河段，相对高差可达2500米以上，除局部河段为宽谷外，大部分为峡谷。两岸人烟稀少，矿产资源有铜、铁、云母、石棉、金等，大部分未开发。

石鼓至四川宜宾为金沙江下段，横跨川、滇两地，全长1300多千米，落差1.5千米。南流金沙江过石鼓后，急转弯流向东北，形成了"长江第一弯"，南北两岸为海拔5000多米的玉龙雪山和哈巴雪山。

然后，金沙江穿过举世闻名的虎跳峡大峡谷。虎跳峡大峡谷峰谷高差达3000多米，峡谷全长近20千米，落差200多米，是金沙江落差最集中的河段。水落河口以下，又掉头向南流到金沙江，后折转向东。这里两岸山岭稍低，河谷有所展宽，但峰谷之间高差仍达1000米左右。

四川西部是山的世界，大部分地区是崇山峻岭，悬崖峭壁。雅砻江就发育在这块奇异的土地上。

雅砻江干流总长约1500千米，在尼坎多以下流入四川后，基本是向南流向，在连绵不断的峡谷中咆哮、怒吼着，以势不可当的气概，向南穿过以黄金产地闻名的新龙县。然后，它又飞过海拔约7600米高的贡嘎山，来到盛产良木的木里县白碉附近，环绕着锦屏山绕了个100多度的大急弯，形成著名的雅砻江大河湾。

雅砻江流域内地形异常复杂，上游地面为波状起伏的浑圆山丘及

■ 雅砻江江湾

■ 雅砻江

缓坡，河谷多为草原宽谷。在这里，江水较为平缓。在宽浅的河谷中悠悠缓行，江水清澈见底，在阳光的照耀下泛出五彩光斑。

它的北岸是海拔4000米以上的石渠、色达、若尔盖丘状高原，呈现"天苍苍，野茫茫，风吹草低见牛羊"的草原景观。

但进入雅砻江中游，地形切割越来越深，河谷越来越窄，江水也如飞箭离弦，狂奔乱跳，特别是在雅江以下，峭岩深谷紧密相间，峰顶谷底高差达两三千米，大有"黄鹤之飞尚不得过，猿猱欲度愁攀援"之势。

江中险滩连绵，礁石林立，浪花飞溅，涛声如雷，真可谓"飞湍瀑流争喧豗，砯崖转石万壑雷"。过了盐源金河，雅砻江岸坡才较为平缓，江面也逐渐开阔起来。

长江自宜宾至宜昌这一河段，通称川江，流经四川与湖北，全长1000多千米。这一河段有岷江、沱江、嘉陵江、乌江四大支流汇入。

奉节至宜昌200多千米的河段，就是峰峦叠嶂、雄伟壮丽的长江三峡。关于三峡的巫山十二峰，还有一个美丽的传说。

传说在很久以前，瑶池宫里住着西天王母的第二十三个女儿，名为瑶姬。她在紫清阙里，向三元仙君学得了变化无穷的仙术，被封为云华夫人，专司教导仙童玉女之职。

瑶姬生性好动，耐不住仙宫里的寂寞生活。终于有一天，她带着侍从悄悄地离开了仙宫，遨游东海。但是，当她看见大海的暴风狂涛，给人间造成严重的灾难时，便出东海腾云西去。

一路上，仙女们飞越千峰万岭，阅尽人间奇景，好不欢快。岂料来到云雨茫茫的巫山上空，却见12条蛟龙正在兴风作浪，危害人民。

瑶姬大怒，她决心替人间除龙消灾。于是，她按住云头，用手轻轻一指，但闻惊雷滚滚，地动山摇。

待到风平浪静，12条蛟龙的尸体已化作12座大山，堵住了巫峡，壅塞了长江，使得滔滔江水，漫向

瑶姬 古代神话中的巫山女神，传说是王母娘娘之女，本名瑶姬，在消灭12条恶龙后，又助大禹治水，怜惜百姓而化作神女峰守护大地。战国时楚怀王游高唐，梦与女神相遇，后宋玉陪侍襄王游云梦时，作《高唐赋》与《神女赋》追述其事。

大美之江

壮丽山川

■ 腾冲龙川江

田园、城郭，四川一带变成了一片汪洋大海。

为了治理水患，治水英雄大禹立刻从黄河赶到长江。然而，山势这般高，水势这般急，采用开山疏水之法，谈何容易。

瑶姬被大禹百折不挠的精神深深感动。正当大禹焦急万分的时候，她乃唤来黄摩、童津等6位侍臣，施展仙术，助大禹疏导了三峡水道，让洪水畅通东海。从此以后，长江三峡才真正贯通起来。

大禹得知神女暗中相助，便登上巫山，找瑶姬致谢。大禹来到山上，只见眼前有一块亭亭玉立的青石，并无神女。

正在他疑惑不解之时，青石化为一缕青烟，袅袅升起，继而形成团团青云，霏霏细雨，游龙、彩凤、白鹤飞翔于山峦峡谷之间……大禹正在纳闷儿，美丽动人的瑶姬已出现在他的面前。

瑶姬说："你治水有功，但还要懂得天地间事物变化的道理。"瑶姬边说边取出一部治水用的黄绫宝卷送给大禹。从此以后，长江的水患解除了。

阅读链接

据民间传说，长江的水患虽已治理，但瑶姬并未离去，她仍然屹立在巫山之巅，为行船指点航路，为百姓驱除虎豹，为人间耕云播雨，为治病育种灵芝。

就这样，日复一日，年复一年，瑶姬忘记了西天，也忘记了自己，终于变成了那座令人向往的神女峰。她的侍从也化作一座座山峰，像一块块屏障、一名名卫士，静静地守立在神女的身旁。

神女峰的传说，在巫山地区流传甚广，其说不一，古代巫山百姓为纪念他们心中的"神女"，尊称她为"妙用真人"。人们还在飞凤峰山麓，为她修建一座凝真观，也就是神女庙。据说，山腰上的一块巨型平台，就是神女向大禹授书的授书台。

极目长江楚天舒之三峡

　　伟大的长江被誉为中华民族的母亲河，它给世人留下了许许多多独一无二的人文景观。而在众多景观中，举世闻名的要数长江三峡。

　　长江三峡是瞿塘峡、巫峡和西陵峡三段峡谷的总称。它西起四川奉节白帝城，东到湖北宜昌的南津关，全长204千米。长江三峡是我国十大风景名胜之一，居我国40佳旅游景观之首。

■ 三峡景区内的白帝城

■ 瞿塘峡沿岸风光

白帝城 位于重庆奉节县瞿塘峡口的长江北岸，奉节东白帝山上，三峡的著名游览胜地。原名子阳城，为西汉末年割据蜀地的公孙述所建，公孙述自号白帝，故名城为"白帝城"。在白帝城上是观赏"夔门天下雄"的最佳地点。

瞿塘峡为长江三峡之一，西起奉节县白帝山，东迄巫山县大溪镇，总长8000米，是三峡中最短的一个，但最为雄伟险峻。

瞿塘峡以"雄"著称。西端入口处，两岸断崖壁立，高数百米，宽不及百米，形同门户，名为"夔门"，素有"夔门天下雄"之称。左边的名为赤甲山，右边的名为白盐山，不管天气如何，总是映出一层层或明或暗的银辉。

奔腾咆哮的长江，一进峡谷便遇上气势赫赫的夔门，夔门两岸的山峰，陡峭如壁，拔地而起，把滔滔大江逼成一条细带，蜿蜒于深谷之中。

这里河宽只有一二百米，最窄处不过几十米。两岸主峰可高达1000~1500米。在这里峡深水急的江流、绵延不断的山峦，构成了一幅极为壮丽的画卷。

在长江的白盐山上，有一块岩壁的颜色和其他地方不同，呈现出粉红色，这里就叫作粉壁墙。而在粉壁墙上，则有著名的瞿塘摩崖题刻：

夔门天下雄，舰机轻轻过。

一语道出了瞿塘峡特色所在。瞿塘峡的名胜古
迹多而集中。峡口的上游有奉节古城、八阵图、鱼复
塔。峡内北岸山顶有文物珍藏甚多的白帝城、惊险万
状的古栈道、神秘莫测的风箱峡；南岸有历代题字刻
满粉壁墙，富于传说的孟良梯、倒吊和尚、盔甲洞、
洞幽泉甘的凤凰饮泉等。

在风箱峡下游不远处的南岸，有一座奇形异状的
山峰，突起江边，人称"犀牛望月"，栩栩如生。出
瞿塘峡，峡口南岸有著名的大溪文化遗址。

巫山县因巫山得名，在巫山有著名的巫峡。巫峡
位于重庆巫山和湖北巴东两县境内，西起重庆市巫山
县城东面的大宁河口，东迄湖北巴东官渡口，绵延40
多千米，包括金蓝银甲峡和铁棺峡，峡谷特别幽深曲

八阵图 三国时
诸葛亮创设的一
种阵法。相传诸
葛孔明御敌时以
乱石堆成石阵，
按遁甲分成生、
伤、休、杜、景、
死、惊、开8门，
变化万端，可挡
10万精兵。这个
由天、地、风、
云、龙、虎、
鸟、蛇8种阵势所
组成的军事操练
和作战的阵图，
反映了诸葛亮卓
越的军事才能。

023

■ 奉节古城

■ 巫山风光

栈道 原指沿悬崖峭壁修建的一种道路。古代高楼间架空的通道也称栈道。三峡古栈道全长近60千米，包括道路、石桥、铁链、石栏等，高出江面数十米。过去，每至洪水季节，川江便禁航，三峡人民依绝壁一锤一凿，开凿三峡栈道，这才使三峡的交通得到改善。

折，是长江横切巫山主脉背斜而形成的。

　　巫山十二峰，分别坐落在巫峡的南北两岸，是巫峡最著名的风景区。它们上干云霄，壁立千仞，下临不测，直插江底；峡中云雾轻盈舒卷，飘荡缭绕，变幻莫测，为它们平添了几分绰约的风姿。而流传后世的种种美丽的神话传说，更增添了奇异浪漫的诗情。

　　巫峡名胜古迹众多，除有十二峰外，还有陆游古洞、大禹授书台、神女庙遗址、孔明石碑，以及那悬崖绝壁上的夔巫栈道、川鄂边界边域溪及"楚蜀鸿沟"题刻，还有那刻在江岸岩石上的累累纤痕等，无不充满诗情画意，历代文人以他们的生花妙笔，为世人留下了灿若繁星的诗章。

　　巫峡谷深狭长，日照时短，峡中湿气蒸郁不散，容易成云致雾。云雾千姿百态，有的似飞龙走马，有的擦地蠕动，有的像瀑布一样垂挂绝壁，有时又聚成滔滔云纱。在阳光的照耀下，形成巫峡佛光，因而古人留下了"曾经沧海难为水，除却巫山不是云"的千古绝句。

长江三峡中最长的峡谷是西陵峡。西陵峡西起秭归县香溪河口，东至宜昌市南津关，全长76千米。因其位于楚之西塞和夷陵的西边，故叫西陵峡。

西陵峡自上而下，共分为4段，即香溪宽谷、西陵峡上段宽谷、庙南宽谷、西陵峡下段峡谷。沿江有巴东、秭归、宜昌三座城市。

西陵峡可谓大峡套小峡，峡中还有峡，如破水峡、兵书宝剑峡、白狗峡、镇山峡、牛肝马肺峡、灯影峡等。西陵峡两岸有许多著名的溪、泉、石、洞，屈原、昭君、陆羽、白居易、元稹、欧阳修、苏洵、苏轼、苏辙、寇准、陆游等众多的历史名人，都在这里留下了千古传诵的名篇诗赋。

西陵峡也是三峡最险要处，礁石林立，浪涛汹涌，两岸怪石横陈，以滩多水急著称，如著名的新滩、崆岭滩等。这些险滩，有的是两岸山岩崩落而成，有的是上游沙石冲积所致，有的是岸边伸出的岩

陆游 （1125－1210），字务观，号放翁，浙江绍兴人，南宋著名诗人。少时即受家庭爱国思想熏陶，曾在朝中任职，晚年退居家乡。他一生诗歌作品很多，存诗歌9000多首，著有《剑南诗稿》《渭南文集》《南唐书》《老学庵笔记》等。内容极为丰富，表现出他渴望恢复国家统一的强烈爱国热情。

■ 西陵峡风光

■ 西陵峡风光

滔滔的长江

脉，有的是江底突起的礁石。滩险处，水流如沸，泡旋翻滚，汹涌激荡，惊险万状。

在西陵峡北的秭归就是屈原的故乡，相邻是汉代王昭君的故里。

长江三峡是川鄂人民生活的地方，主要居住着汉族和土家族，他们都有许多独特的风俗和习惯。每年农历五月初五的赛龙舟，是楚乡人民为表达对屈原的崇敬而举行的一种纪念活动。

此外，巴东的背篓世界、土家族的独特婚俗，还有那被称为鱼类之冠、神态威武的国宝中华鲟，令无数人对长江三峡心驰神往。

长江三峡的大气秀美，让人流连忘返。著名景区有宜昌、三游洞、秭归、巴东神农溪、巫山小三峡、奉节白帝城、云阳张飞庙、忠县石宝寨、丰都鬼城、山城重庆、大足石刻等。

宜昌，古称"夷陵"，是一座古老的城市。位于宜昌西陵峡的三游洞，洞奇景美，山水秀丽。唐代诗

屈原（前340年～前278年），战国时期楚国人，是我国最早的浪漫主义诗人，我国文学史上第一位留下姓名的伟大的爱国诗人。他的出现，标志着我国诗歌进入到一个由集体歌唱到个人独唱的新时代。

人白居易与其弟白行简同行，路遇诗人元稹，三人同游此洞，饮酒赋诗，白居易作《三游洞序》并写于壁上，三游洞因此得名。

宋代苏洵、苏轼、苏辙父子三人也游此洞并赋诗于壁上，自此，称白居易三人为"前三游"，苏洵父子三人为"后三游"。

三游洞下临深谷，峭壁百丈，冬暖夏凉，高6米多，深30米，宽20米。洞内景色奇丽，洞壁间有无数小洞，洞中有洞，因此被喻为"仙洞幻境"。

巴东神农溪源于湖北神农架，地处长江以北，流经巴东县境内，在巫峡东口附近注入长江。漂流溪段长约20千米，由鹦鹉峡和龙船峡组成。

沿溪两岸风景奇幽，峡谷幽深，苍翠欲滴。溪流清澈见底，乘"豌豆角"人力小木船快速漂流，惊险刺激。漂流过程中时常见到古栈道、古岩棺、溶洞、

■ 三游洞碑刻

神农溪古庙

七色泉、金丝猴、鸳鸯等景观和珍贵动物。

长江三峡另一处景观便是巫山小三峡。大宁河古称巫水，发源于川、鄂、陕交界的大巴山南麓，于巫峡西口注入长江。这里河道蜿蜒，重岩叠嶂，山水奇异，构成独特的大宁河风光。大宁河小三峡由龙门峡、巴雾峡和滴翠峡组成，以山雄、水清、峰秀、滩险、石奇、景美著称，这里虽然不是三峡，却胜似三峡。

滴翠峡是小三峡的一峡，从双龙至涂家坝，全长20千米，有"幽哉，滴翠峡"之赞。小三峡之美荟萃于此，故有"无限秀美处，最是滴翠峡"之誉。

关于滴翠峡还有一段美丽而动人的传说呢。相传，在很久以前，大昌镇的双龙村上住着一对打柴的老夫妇，膝下只有一子，名叫护峡。每天鸡才叫过头遍，老两口就把儿子喊起来上山打柴。

一天早上，在明媚的阳光下，老夫妇脸上露着欢快的神情，笑吟吟地在树林里穿行，总舍不得砍，弄得儿子莫名其妙："爹，娘，你们怎么了？今天我们不打柴了吗？"

父亲望着儿子，温和地说："护峡，我们打柴人也要爱护树木。是它们给了人类香甜的花果、建房的栋梁，还招来了可爱的飞禽走兽，把峡谷打扮得这么美丽，生活在这里多么美好啊！"

父亲又说："记住，培植一棵树要十年、百年，砍掉一棵树只要一会儿。如果今天砍一棵，明天砍一棵，会把美丽的峡谷砍成光秃秃的黄土坡。我们打柴人，砍的是那些不成材的树。记住，这是老祖宗传下来的规矩。"

小儿子搂着爹的脖子说："我记住了。"

老夫妇这才拉起儿子，拿了斧头，扛着扁担，向着密林深处走去。他们专砍不成材的树木，把好树全部保留下来。

老夫妇带着儿子每天打柴。日久天长，他们和猴子混熟了，猴子们跳下树来帮他们捡柴送柴，给他们摘野果子解渴。经猴子们的带引，山中的飞禽走兽都成了他们的朋友。

日子就这样一天天过去，护峡长成了一个大小伙子。他和林里许

■ 滴翠峡栈道

■滴翠峡石洞

多鸟兽结交成亲密的朋友。一天，老夫妇突然听见儿子在一棵桂花树下，对着三只大雁唱歌：

三只大雁飞下山，一对双来一个单。
双的宁河去戏水，单的孤独立江边。

老夫妇听了歌声，商议道："是啊，儿大该娶媳妇了。但住在这峡谷里，没有一个姑娘啊！"老夫妇犯起愁来。

护峡听到鸟兽们说，大昌镇上的张员外家有个18岁的小姐。这真是难以想象的事，因为张员外有钱有势，哪能把小姐嫁给无钱无势的打柴郎呢？

护峡只好每次在去镇上卖柴的时候，溜到张员外的后花园外，朝着小姐绣楼呆望。有时摘片树叶，吹出百灵鸟叫般动听的歌儿。日子久了，小姐被歌声迷

员外 又称员外郎，古代官职，原指设于正额以外的郎官。隋代于尚书省24司各置员外郎一人，为各司之次官。在唐代贞观时期之前，吏部考功员外郎是科举考试的主考官。在唐开元年间后，改由礼部侍郎主持科举考试，并一直延续下来。

住了，如若一天听不到护峡的歌声，她就觉得吃饭不香，睡觉不安。

一次，护峡生了7天病，没来镇上卖柴，小姐听不到歌声，像丢了魂似的，终日恍惚。等到护峡用树叶吹出的歌声从后花园外传来的时候，她忙撩开绣楼的红纱窗帘，伸出头来张望。看到小伙子眉清目秀，魁梧英俊，不觉爱上心头。

护峡看到小姐也动了心。正在他不知如何是好的时候，小姐从窗口丢下一块绣着鸳鸯图案的手帕。护峡捡起那块手帕回到家，躲在无人处打开细看。久而久之，他害起相思病来了。

老夫妇发现了鸳鸯手帕，既同情儿子，又可怜儿子。儿子却苦苦求道："爹娘呀！去向员外求亲吧，看他们意下如何。"

老夫妻拗不过儿子的要求，只好换上一身干净衣服，去到员外家，把儿子的心思说了。

张员外知道护峡是个英俊的小伙儿，但贫富悬殊，不是门当户对，便有意为难，笑着说："要想娶我女儿，不难！只要你送来龙肝、虎胆、夜明珠三件宝物作聘物，我一定用花轿把小姐抬到你家去。"

老夫妻听完，垂头丧气地回到家，如实相告儿子，并劝道："儿呀，就死了这条心吧，这是永远也办不到的事啊！"

护峡听了，从床上坐起

滴翠峡峭壁

来说："员外既然开口说了条件，可见这婚事有盼头了，儿就是走遍天下，也要弄到订婚的信物，把小姐娶过门来。"

说完，护峡穿好衣服，径直朝员外家走去。拜见了员外后说道："我要是按您提出的条件，送来这三件宝物，望大人不要反悔。"

员外取笑护峡痴呆，当着家役们说："我是一言既出，驷马难追。所提聘物，恐怕你就是粉身碎骨，也难办到吧！"

"那好，只要大人说话算数就行了。"

护峡要娶小姐心切，告辞员外就走了，他走进峡谷时，山中的飞禽走兽和花草树木朋友们都围拢过来，和他共商良策。大家一致认为：要寻取这三件奇珍异宝，必须去求巫山神女相助。

接着，众鸟兽争先恐后要求与护峡一起去求见神女，寻回宝物，护峡只点了猴王、树王和鹰王一同前往寻宝。

第二天，护峡辞别了双亲，带着"三王"朝着东面大山进发了。

员外见护峡寻宝离去，来到女儿绣楼里，把护峡求婚之事告诉女儿，哪知小姐一听气哭了，泪流满面地说："爹爹呀，你怎么能这

■ 险峻的滴翠峡

样苛求人家呢？这明明是叫他上天摘星、下水捞月啊！出这样的难题，会叫他吃尽苦头，甚至会舍去性命呀！"

员外被女儿一席话说得哑口无言，后悔不该这样刁难护峡。可是他已经出发了，要派人去追，也不知去向。

从这天起，小姐常常站在绣楼窗口边独自凝望远方，不知流下了多少悲伤的眼泪，人也忧虑成疾了。一天，护峡的朋友"五彩夫妻鸟"知道了此事，忙飞到绣楼红纱窗口，对小姐唱道：

护峡寻宝走天涯，小姐不必泪花花，
有话只管对我说，将你话儿传给他。

从此，护峡和小姐，就靠这对"五彩夫妻鸟"取得了风吹不断、雨打不消的空中联系。

护峡和他的朋友"三王"，历尽千辛万苦，走了14天的陡峭山路，来到一个遮天蔽日的大森林里。经过重重磨难，他们总算走到了

滴翠峡景区天坑

神女峰前。

神女峰全是绝壁悬崖，哪里有神女呢？他们就沿山寻找，后来在绝壁上出现了一座金碧辉煌的殿宇，从殿内走出一位文雅圣洁的姑娘，把他们迎进殿去。

护峡把请求神女帮他寻宝聘妻的事，一五一十地细说了一遍。精诚所至，金石为开。神女被护峡的精神深深感动了，决定成全他的姻缘。护峡赶忙叩拜神女。

神女取下一把宝剑，告诉他去取三件宝物的方法，并手舞银帕，在他和"三王"头上各拂了三下，说："你们把宝物取得之后，都要留在峡谷，保护山林。"刚说到这儿，只见一团云烟冲天而起，殿宇和神女姑娘全不见了。

护峡和朋友们高兴得又唱又跳，然后决定派"五彩夫妻鸟"先回去把好消息告诉小姐。

护峡乘坐在拂了仙气的鹰王背上，眨眼之间就飞到了毒水河。经神女指点，他们在毒水河上找到一块大石头，猫头鹰一嘴啄开石头，衔出一颗夜明珠。接着他们来到双龙峡，找到独角巨龙。巨龙被护峡飞剑劈成两段，护峡取出龙肝。山涧中的一只大虎，护峡一剑结果了它的性命，剖腹取出虎胆。一匹飞马见状，吓得奋力向大山岩钻去。这便是流传久远的"龙进虎出马归山"的传说。

护峡得到三件宝物后，便同猴王、树王欢天喜地地骑在鹰王背上起飞。黄昏时候，夜明珠放出宝光，从宁河上空照下来，把峡谷映照得分外明亮娇美。

当夜，护峡和"三王"飞到大昌镇上空时，员外和小姐以及镇上的百姓都跑出来看稀奇。当他们平平稳稳地落在员外家的天井坝时，鼓乐齐鸣，员外亲自把护峡他们迎进了客厅。

天井 我国建筑中，天井是指四面有房屋或三面有房屋而另一面有围墙、或两面有房屋而另两面有围墙时中间的空地。南方房屋结构中的组成部分，一般为单进或多进房屋中前后正间中，两边被厢房包围，宽与正间同，进深与厢房等长。因面积较小，光线为高屋围堵显得较暗，状如深井，故名天井。

■ 长江文化雕塑

员外心想，这样英勇的女婿，打起灯笼都难找呀！便同意把小姐许配给他，并且派了彩船，到双龙村把护峡的双亲接到自己家。

当护峡和朋友们把三件宝物献给员外时，小姐从屏风后面走了出来，与护峡双双向员外和爹娘行三拜九叩的大礼。

员外家张灯结彩，鸣炮吹打，好不热闹。夜间，夜明珠把客厅和大昌镇的大街小巷照得通明透亮；龙肝虎胆放入一口大锅熬着，散发的热气异香扑鼻。镇民们嗅到香气，得了病的人立即恢复了健康。

第三天，员外把三件宝物送还给女儿女婿，连同嫁妆，一并派彩船护送他们回峡谷。整个峡谷热闹了三天三夜。

从此，峡谷中更加生气盎然。鹰王担任了对夜行人的报警之责，大树落地生根繁茂生长，猴子在树林中繁衍生息。护峡与小姐一起护林造林，把这段峡谷打扮得苍翠欲滴，美丽如画。后来人们便给此段峡谷取了个名字——"滴翠峡"。

除了滴翠峡，长江山峡另一处著名的景观就是白帝城。白帝城位

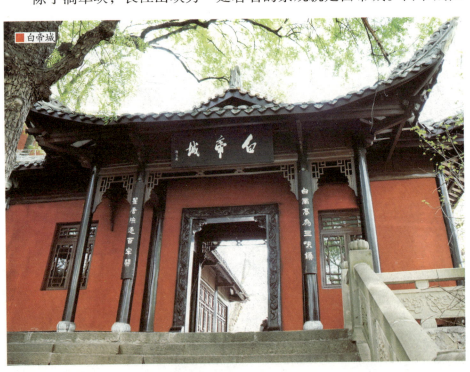
白帝城

■阆中古城张飞庙

于奉节城东4千米的瞿塘峡西口，长江北岸草堂河与长江汇合处的紫色丘陵上。

自古以来，众多文人来白帝城参观游览，并留下了著名的诗句，素有"诗城"之称。这里有众多古迹，如武侯祠、观星亭、明良殿等。"火烧连营七百里""白帝城托孤"的传说，更增添了白帝城的名气。

张飞庙位于长江南岸飞凤山麓，离重庆市区382千米，与云阳县城隔江相望，是为纪念三国名将张飞而建的。据史载，张飞庙始建于蜀汉末年，后经宋、元、明、清历代扩建，至今已有1700多年的历史。

张飞庙面江背山，气势恢宏壮丽，庙内塑造有张飞像，珍藏有大量的诗文碑刻书画以及其他文物数百件，多为存世珍品，号称"文藻胜地"，为巴蜀一胜景。

张飞（？～221年），三国时期蜀汉的重要将领。官至车骑将军，封西乡侯。史书记载张飞是贵族，有智有谋。在我国传统文化中，张飞以勇猛、鲁莽、嫉恶如仇而著称，虽然张飞的这一形象主要来源于小说和戏剧等民间艺术，但已深入人心。

石宝寨位于重庆境内的长江北岸边，孤峰拔地，四壁如削，形似玉印，名玉印山。传说它是女娲炼石补天遗留下的一块五彩石，称为"石宝"。

清代康熙年间，石宝寨为当地能工巧匠在玉印山南侧依山而建的楼阁，依岩取势，建筑精巧，被称为世界八大奇异建筑之一。

石宝寨塔楼倚玉印山修建，依山傍势，飞檐层翼，造型奇异。整个建筑由寨门、寨身、阁楼组成，共12层，高56米，全系木质结构。

石宝寨始建于明万历年间，康熙、乾隆年间修建完善。原建9层，隐含攀登"九重天"之意。石宝寨自古有"江上明珠"之美誉。

另一处景观是丰都鬼城。丰都位于长江北岸，距重庆市区172千米。"鬼国幽都"之说由平都山而起。相传汉代两方士在此修炼成仙，道家于此山设天师，并将其列为"三十六洞天，七十二福地"之一。

鬼城名山古寺多达27座。"阴曹地府"分别模拟人间诉讼、法庭、监狱、酷刑等，集中反映了我国的神和鬼、天堂和地狱的观念。

丰都鬼城

重庆位于四川盆地东南部，是我国长江上游的重镇。重庆古称"巴"，地处我国内陆之西南，城市依山而建，人称"山城"，冬春云轻雾重，又号"雾都"。重庆最早称"江州"，也称"巴郡""楚州""巴州""渝州""恭州"。

重庆是我国著名的山城。每当入夜，万家灯火由山上倒映江中，形成著名的"山城夜景"。在其近郊有石云山、北温泉和钓鱼城等景点，远郊有著名的大足石刻。

大足石刻位于距离重庆市区120千米处的大足县境内，是分布在全县76处石刻造像的总称，共计6万尊造像。其中宝顶、北山两处摩崖造像规模宏大，内容丰富，雕刻精细，是"全国重点文物保护单位"。

大足石刻是我国石窟艺术中的优秀作品，它不但内容丰富，"融儒、释、道，纵贯千余载"，而且雕刻技艺精湛，手法娴熟，巧妙地将力学、采光、透视等科学原理与造像内容和山形地貌相结合，被誉为"唐宋时刻艺术圣殿"。

阅读链接

关于三峡的形成有很多传说，最典型、流传最广的是"大禹开江"的说法。传说长江的主流最早不是流经后来的三峡，而是流经古之南江的"涔水"。

由于当时天下洪水泛滥，大禹决巫山，令江水从东过，终于使长江东流，注入中下游的洞庭湖、鄱阳湖、太湖、洪泽湖和巢湖五湖，三峡之水从此畅通，长江的主流才改从后来的河道北江流淌。

大禹导江治三峡，是有史料记载的。春秋孔子、汉代诸葛亮、晋代郭璞、北魏郦道元等历代名人都有论述。这些关于三峡形成的美丽的神话传说反映了古代人民在与洪水长期斗争中形成的各种强烈愿望。

风景如画的长江中游景观

　　万里长江以滔滔不绝之势向东流去，长江自宜昌以下就进入中下游平原。这一江段，河床坡降小，水流平缓，大小湖泊密布，沿江两岸均筑有堤防，形成众多的湖泊河网。

　　在湖北枝城至湖南城陵矶河段称为荆江。其中，枝城至藕池口为上荆江，长170多千米，属一般性弯曲型河道。藕池口至城陵矶为下荆

九曲回肠的荆江

江，长约160千米，属典型的蜿蜒型河道，素有"九曲回肠"之称。

荆江以北为地势低平的江汉平原，汛期全靠平均高10多米的荆江大堤抵御长江洪水。荆江南岸有松滋、太平、藕池、调弦四口，分长江水入洞庭湖，水道繁杂。

长期以来，这里就是长江的蓄洪池和经过之道。长江从荆江段直接流入湖中，在云梦泽里徘徊沉积后，从汉口汇入长江流入东海。其形就像穿起来的一个大糖葫芦，也有点像铁扇公主的芭蕉扇，而长江就是贯穿这云梦泽的葫芦签和扇柄。

不过，这是一个不大对称的葫芦签，它的北边要大于南边，北边那个最大的就是云梦泽，也就是后来的江汉平原，其次是洪湖、东湖等诸多湖泊，而南边则是西湖、洞庭湖、赤山湖、青草湖和大通湖等诸多湖泊。

这些湖泊在平时，尤其是枯水季节就明显地露出了它们的独立性，但一到汛期，尤其是涨大水的时期，便连成了一个整体，成为汪洋泽国，因其中的云梦泽最大，故连成一整片时，人们便统称为云梦泽。

又因长期以来，受长江从上游挟带来的泥沙沉积影响，河湖淤

■ 鄱阳湖湿地

滔滔的长江

浅，荆江两岸地势南高北低，蜿蜒的荆江河床泄洪不畅，防洪形势非常严峻，故有"万里长江，险在荆江"之说。

城陵矶以下至湖口，河道分汊频繁，主流摆动，航槽变迁，这给当地的航行带来极大的不便。

长江中游一带水力资源极为丰富，同时，这一地段的矿产资源也极为丰富，尤以铁、铜、钨、磷、硫、石膏等最为著名。

长江中游航运条件优越，内河航运发达，武汉以下可通行5000吨级船舶，临湘以下可通行3000吨级船舶。汉江、湘江和赣江拥有较重要的支流航道。

长江中游段，大支流较多。南岸有清江、洞庭湖水系的湘江、资水、沅江、澧水和鄱阳湖水系的赣江、抚河、信江、饶河、修水，北岸有汉江。

这一地带气候温和，土壤肥沃，光热资源充足，盛产水稻、棉花、油料、茶叶、水果等，是我国重要的农业生产基地。洞庭湖、鄱阳湖等湖泊水产资源极为丰富。

鄱阳湖是我国第一大淡水湖，也是我国第二大湖，位于江西北部、长江南岸。有诗赞道：

浩渺鄱湖水接天，波翻浪涌竞争先。

连江通海胸怀广，滋养生灵岁复年。

鄱阳湖上承赣、抚、信、饶、修五河之水，下接长江。每到丰水季节浪涌波腾，浩瀚万顷，水天相连。湖畔峰岭绵延，候鸟翩飞，牛羊徜徉。美丽富饶的鄱阳湖养育了世代繁衍生息在湖畔的万物生灵。

每年秋末冬初，鄱阳湖有成千上万只候鸟，从俄罗斯西伯利亚、蒙古、日本、朝鲜以及我国东北、西北等地来此越冬。这里鸟类有300多种，近百万只，其中白鹤等珍禽50多种。鄱阳湖被称为"白鹤世界""珍禽王国"。

鄱阳湖又叫彭蠡湖。关于湖的来历，还有一个美丽的传说呢。相传在远古时期，江西这块地方并无大的湖泊，每年不是大旱，便是

■鄱阳湖水鸟

■ 鄱阳湖风景

滔滔的长江

昴日星官 传说是二十八宿之一，住在上天的光明宫，本相是两米多高的大公鸡。其母是毗蓝婆菩萨。他的神职是"司晨啼晓"。在西方白虎象里有一个星宿，天文学里称它"昴星团"，我国民间叫作"冬瓜子星"。当它在冬夜星空出现时，视力好的人可以看到里面有7颗星，因此又叫"七姊妹"。

洪涝，人们流离失所，十分悲惨。

后来，赣北出了一位叫彭蠡的勇士，力大无穷，而且勤劳、善良、聪明，总为他人解难。百姓连年逃荒要饭，他看在眼里，急在心上。于是，他立志要开凿一座大湖泊造福于民。

说事容易做事难，他首先说服家人，动员附近乡民，跟他一起去挖地造湖。谁知就在众人开挖时，却遇到一条修炼千年成精的蜈蚣，因蜈蚣怕水，得知彭蠡带领乡亲们挖地造湖，就设法阻挡。

彭蠡发现他们头天刚挖好的地方，一夜之间就被填塞完整，一连数日，造湖之举毫无进展，彭蠡犯疑，不知何故。一些乡民见到这样的场景，不觉心灰意冷，怨天恨地，有的甚至干脆不干了。

可是，彭蠡决心已定，毫不气馁，他带领家人和少数乡邻继续坚持开挖不止，他的双手虎口被震裂，鲜血直流，却没有半点怨言。彭蠡的善举，感动了天上司晨的昂日星官，他决心助彭蠡一臂之力，除掉蜈蚣精。

于是，昂日星官当即命令自己的两个儿子大鸡和小鸡下凡帮助彭蠡除妖。大鸡和小鸡奉父王之命，合力大战蜈蚣精，在天空中各施神功，与蜈蚣精大战了四十回合，难分胜负。

此时，小鸡灵机一动，乘蜈蚣精眨眼之机，一挥宝剑刺向其左眼。瞬间，蜈蚣精左眼鲜血直流，大鸡乘其受伤之时，一剑刺中其身，蜈蚣精终于被两鸡战败，这也是后来民间传说"蜈蚣怕鸡"的由来。

话说那条战败的蜈蚣精，后来化作了松门沙山，僵卧在那万顷碧波荡漾的鄱阳湖中。大鸡和小鸡担心这条蜈蚣精再出来祸及人间，便化作大矶山和小矶山，伫立于湖边，世代守着鄱阳湖，永保地方安宁。

蜈蚣 陆生节肢动物，身体由许多体节组成，每一节上均长有步足，故为多足生物。它们行动迅速，具攻击性。大多蜈蚣亦为夜行性生物，白天隐藏在阴暗处，晚上出外活动，以别的节肢动物为食，体形庞大的蜈蚣甚至会捕食小型鼠类、蜥蜴等猎物。

■ 鄱阳湖景观

　　蜈蚣精被制服后，彭蠡和家人、众乡民一起继续造湖，由于有仙人暗中相助，不久大湖就造好了。鄱阳湖百姓再也不受旱涝困扰，连年五谷丰登。后人为纪念彭蠡造湖有功，便将该湖取名"彭蠡湖"。

　　长江中游另一个大湖泊就是洞庭湖，洞庭湖是我国第二大淡水湖，位于湖南北部，长江荆江河段以南，面积2820平方千米。湖北和湖南之称，就来源于洞庭湖。洞庭湖南纳湘、资、沅、澧四水汇入，北由东面的岳阳城陵矶注入长江，号称"八百里洞庭"。

　　洞庭湖据传是"神仙洞府"的意思，可见其风光之绮丽迷人。洞庭湖浩瀚迂回，山峦突兀，其最大的特点便是湖外有湖，湖中有山，渔帆点点，芦叶青青，水天一色。春秋四时景不同，一日之中变化万千。

　　在洞庭湖畔有一座小山，名为龙舌头，龙舌头有一处飞来钟，飞来钟下面有一口龙涎井。说到龙涎井，其由来已久，因为君山地形酷似乌龙卧水，龙涎井前方为龙口，张口向南，两边钳形山嘴，岩壁拱护，为龙的上、下腭，中间的小山为龙舌头，山势平舒，形态逼真，此山因此得名。

龙舌山下有水井，相传这里的井水清澈纯净，四时不涸，是龙舌头上面一点点滴下的涎水，故称"龙涎井"。

据传，当年湘妃寻夫至君山，口渴异常。她们对爱情的忠贞感动了洞庭湖中的乌龙。乌龙化作一座小山，张开双腭，伸出舌头，让龙涎滴出，滴在山脚下，化成一口古井。

湘妃见到古井，饱喝了一顿井中甘甜的龙涎，顿觉精神大振。后来，湘妃投湖，乌龙悲伤过度，化身为龙舌山。

领略洞庭湖的美，最理想的去处便是洞庭湖畔的岳阳楼。岳阳楼位于湖南岳阳市西门城头，与黄鹤楼、滕王阁一起并称为我国江南三大名楼，历来有"洞庭天下水，岳阳天下楼"之称，堪称湖南第一名胜。

白居易、杜甫、孟浩然、刘禹锡等著名诗人，都先后登楼赋诗，留下了许多千古名篇。宋代名家范仲

■ 岳阳楼

■ 武汉黄鹤楼

九省通衢 有人认为是泛指武汉通向外界的交通非常便利，并非实指九个省；有人说实指通过水陆交通，武汉市可与四川、陕西、河南、湖南、贵州、江西、安徽、江苏以及湖北九省相通。不论泛指、实指，都是指的武汉处于交通枢纽地位。

淹的《岳阳楼记》："衔远山，吞长江，浩浩汤汤，横无际涯"，"先天下之忧而忧，后天下之乐而乐"的名句更是掷地有声，名扬中外，成为众多仁人志士的座右铭。

武汉是长江最大支流汉江与长江的交汇之处，形成武昌、汉口和汉阳三大重镇，素有"九省通衢"之称。武汉除长江、汉水在城中交汇外，市辖区内有166个湖泊，故又得名"百湖之市"。

黄鹤楼是"天下江山第一楼"，位于湖北武汉武昌长江南岸蛇山峰岭之上。始建于223年的三国时代，是江南三大名楼之首，享有"天下绝景"之称。

唐朝诗人李白一首"黄鹤楼中吹玉笛，江城五月落梅花"，使武汉江城之称名扬四海。崔颢一首《黄鹤楼》写道：

昔人已乘黄鹤去，此地空余黄鹤楼。
黄鹤一去不复返，白云千载空悠悠。

这些诗句已成为千古绝唱，更使得黄鹤楼声名大振。

蒲圻赤壁位于赤壁市北31千米处的长江南岸。赤壁山三山相连，面临长江，群山逶迤，势若奔马，苍翠如绘，幽静诱人，是我国古代十大著名战役中唯一保存完好的古战场遗址。

洪湖是长江流域江汉平原上最大的水质无污染的淡水湖泊，是我国第七大湖泊，面积348平方千米，全湖呈多边几何形，湖岸平坦，湖水呈淡绿色。这里的白鳍豚拥有量占全球总量一半以上。洪湖有丰富的鱼类和野生资源，水上渔家的生活也极有情趣，令人流连忘返。

荆州位于我国湖北荆州江陵境内的长江北岸，是一座历史文化古城，也是我国南方著名的游览胜地。"闻听三国事，每欲到荆州"，提起荆州，人们便会想起三国中"刘备借荆州"和"关公大意失荆州"的故事。

荆州古城历史悠久，北据汉沔，南接南海，东连吴会，西通巴蜀，历来是兵家必争之地，具有十分重要的战略地位，更是古代文人骚客荟萃之地。

阅读链接

长江中游有著名的城市群，也称"中三角"或"中四角"，是以我国内陆最大城市武汉为中心城市，长沙、南昌、合肥为副中心城市。该城市群是以浙赣线、长江中下游交通走廊为主轴，向东向南分别呼应长江三角洲和珠江三角洲。

武汉距长沙300千米，距合肥320千米，距南昌260千米，与长三角和珠三角平坦的地势相比，中三角间山水相阻，地形复杂，面积却为世界之最，是长三角的3倍、珠三角的5倍。

长江中游城市群是我国具有优越的区位条件、交通发达、科技教育资源丰富的城市群之一，在我国未来空间开发格局中，具有举足轻重的战略地位和意义。

美丽富庶的长江下游地区

　　长江下游经江西、安徽、江苏，在上海接纳最后一条支流黄浦江后注入东海，长约835千米。流域面积共约13万平方千米，是长江水量最大的河段，长江下游平原包括苏皖平原和长江三角洲平原，也是全流域最富庶的地区。

■ 我国最大的沙洲岛崇明岛

■崇明岛东滩湿地
公园

长江下游段江阔水深，多洲滩。江阴以下，长江进入河口段。江面由1100米逐渐展宽到5000米以上，至崇明岛分隔而成的南支、北支江段，南北两岸之间江面宽接近100千米，是一片江海难分的景象。

崇明岛面积1000多平方千米，在我国沿海数以千计的岛屿中，面积仅次于台湾岛和海南岛，是我国最大的沙洲岛，已有1300年的历史。

江阴市，因地处"大江之阴"而得名，位于华东，江苏南部，长江三角洲太湖平原的北端。东接张家港，南临无锡，西连常州，北对靖江。

555年，在这里废县置郡，建治君山之麓，因地处长江之南，遂称江阴郡，为"江阴"名称之始。

江阴枕山负水，襟带三吴，处于"苏锡常"金三角的几何中心，城江同在，有"延陵古邑""春申旧封""芙蓉城"之称。

江阴地处长江咽喉，历代兵家必争之地，是大

郡 古代行政区域，始见于战国时期。秦统一天下设三十六郡，秦代以前，郡比县小，从秦代起，郡比县大，称为郡县。后汉起，郡成为州的下级行政单位，汉代又增46郡，有103个郡国。隋朝废郡制，以县直隶于州。唐朝设道、州、县，武则天时曾改州为郡。明清称府。

江南北的重要交通枢纽和江河湖海联运换装的天然良港。江阴市位于苏南沿江，总面积9.8万多平方千米。

崇明岛地处长江口，是我国第三大岛，被誉为"长江门户，东海瀛洲"，是地球上最大的河口冲积岛、最大的沙岛。海拔3.5~4.5米。全岛地势平坦，土地肥沃，林木茂盛，物产富饶，是举世闻名的鱼米之乡。

传说，月光菩萨就降生于崇明岛。月光菩萨是药师如来的胁侍，又称月净菩萨、月光遍照菩萨。月光菩萨降生于崇明岛，这一传说给崇明岛披上了一重神秘的色彩。

每当人们来到崇明岛，水洁风清，就像整个身心都被其洗涤、净化。这里到处都有未经人工斧凿的天然风光，旖旎多姿，美不胜收。

■崇明岛湿地

崇明岛的最大特色是岛身形状变化无常，始终处

于迅速的演变过程中。崇明岛不像基岩岛屿千百年来基本上维持着相对稳定的状态，而是自始至终演变不断。关于崇明岛还有一个美丽的古称"东海瀛洲"。

相传在远古东海之中有一瀛洲仙境，是神仙居处，但这个仙岛没有稳固下来，一直飘忽不定。秦始皇和汉武帝先后派人到东海之上四处寻找，都没有找到。后来到了明朝，朱元璋皇帝把"东海瀛洲"四个字赐给了崇明岛。从此，崇明岛便有了古瀛洲的美名了。

长江下游地区属北亚热带季风气候，雨量充沛，水道纵横，湖荡棋布，一向有水乡泽国之称。这里土地肥沃，产水稻、棉花、小麦、油菜、花生、蚕丝、鱼虾等，是我国人口最稠密的地区之一。

在长江下游有许多重要城镇。南京历史悠久，有着6000多年文明史、近2600年建城史和近500年的建都史，是我国四大古都之一，有"六朝古都""十朝都会"之称，是中华文明的重要发祥地。

千百年来，奔腾不息的长江不仅孕育了长江的文明，也催生了南京这座江南城市。南京襟江带河，依山傍水，钟山龙蟠，石头虎踞，山川秀美，古迹众多。

长江西陵峡美景

在安徽大通以下600千米处，长江受到潮汐的影响，成为坍岸最严重的河段。长江每年挟带大量的泥沙至河口，因流速平缓和受海潮顶托影响而沉积，形成沙洲、沙坝，使河口淤浅成"拦门沙"，河道分汊，两岸形成沙嘴，河口三角洲陆地向大海伸展。

长江口河道在径流、海潮、泥沙和地转偏向力等诸多因素的影响下，及由此引起局部河床的冲淤变化，均会导致河道经常演变，长江的主汛道南北往复摆动不定，这也给海运事业带来了诸多不利影响。

长江流域幅员辽阔，江湖众多，土地肥沃，气候温和，资源丰富。长江流域既是中华民族的重要发祥地，也是我国总体经济实力最为雄厚的地区。

阅读链接

在镇江附近交汇于长江的南北大运河，贯穿冀、鲁、苏、浙四地，沟通海河、黄河、淮河、长江、钱塘江五大水系。这项古代最伟大的水利工程，北至北京，南抵杭州，全长1794千米，其中里运河和江南运河在长江流域。

自镇江止于杭州的江南运河，长约400千米。沿途经过江南水网地区和常州、无锡、苏州、嘉兴等久负盛名的旅游城市。古代人民开凿的这条大运河，千余年来，一直发挥着作用。

开创辉煌

我国文字可考历史是从夏代开始的，此后历代的兴衰更替彰显了华夏古老文明的发展历程，而长江文明在历史发展进程中也经历了从局部到整体逐步融合的漫长历程。

夏商周时期吴文化、越文化、楚文化及春秋战国时期楚文化，创造了长江物质文明和精神文明的累累硕果。到秦汉时期，秦迁民巴蜀以及对蜀地政治、文化措施的加强，对巴蜀文化发展起到了积极的促进作用，到隋唐时期，江淮地区经济和文化迅速得以恢复。

五代十国时期，江西成为文化繁盛之地，经济发达，教育昌盛，人才荟萃。这一时期，巴蜀文化发展再次形成高潮，在绘画、文学、书法、音乐、舞蹈、科技等方面，都产生了具有重要影响的代表人物或流派。

包罗万象的长江流域文化

巴蜀文化建筑

长江文化是一种以长江流域特殊的自然地理和人文地理为优势以生产力发展水平为基础的文化体系。在长江文化这个大整体中，根据流域内局部的和地区的多样性，可将其划分为多个文化区。

主要有巴蜀文化区、滇文化区、贵州文化区、两湖文化区、闽文化区、江西文化区、江淮文化区、吴越文化区、岭南文化区和桂文化区。

众多文化分区中，以巴蜀文化最为壮观和最值得注目，

■ 云南元谋土林

其青铜器更是较历代丰富。巴蜀地区就是现在的四川地区，是一个气候温和多雨的地域，十分有利于农业生产。

四川自古以来便有"天府之国"之称，但四川"其地四塞，山川重阻"，这种地理上的封闭性和文化特征上的开放性，形成了巨大的矛盾，自然也对巴蜀文化的发展产生了极其深远的影响。从巴蜀文化的发展进程来看，巴蜀文化始终是长江文化中的主体文化，在长江文化中占有举足轻重的重要地位。

滇文化区，又称云南文化区，地形地貌错综复杂，气候属亚热带—热带高原型湿润季风气候，各地差异很大。云南省是我国居住民族最多的一个省。

滇文化的发展具有悠久的历史。"东方人"和元谋人的发现，表明在人类的童年时代，云南地区就有原始人群活动。而近年来该地区一大批新石器时代文

元谋人 1965年发现于云南元谋上那蚌村附近，共计左右门齿化石两颗。后来还发现了石器、炭屑和有人工痕迹的动物肢骨等。元谋人是属于旧石器时代早期的古人类，可能生活在亚热带草原至森林环境中。

化遗址的出土，则有力地推翻了云南地区在史前时期是"茫荒异域"的传统偏见。而且这一时期生活在洱海区域的"稻作民族"，还创造了非常发达的、丰富多彩的稻作文明。

在公元前1150年前后，云南剑门地区已走进文明社会的大门。而晋宁、江川、安宁、楚雄、祥云、大理、永胜等地相继发现的大批青铜器，表明云南古代存在一个光辉灿烂的青铜文化，其青铜器的技术水平较之中原和长江流域并不逊色。到后来，云南的"哀牢夷"和"白蛮"等民族在滇文化的基础上，又大量吸收了先进的汉族文化，创造了灿烂的民族文化——南诏文化和大理文化。

贵州文化区，又称黔文化区或黔中文化区。其境内的沅江、乌江和赤水河，都是长江的重要支流。贵州在古代被蔑称为"蛮貊之邦"。但据考古发现，贵州境内早在五六十万年前就有了人类生活。

其境内的旧石器时代观音洞文化，与湖北大冶发现的石龙头文化

观音洞文化

有一定的渊源。到公元前2000年前后的新石器时代，贵州境内已有越人先民的分布，他们主要集中在乌江以南地区。这一地区发现的双肩石斧和有段石，就充分表明了它与我国东南沿海地区古文化的关系。

两湖文化区在历史上先后被称为荆楚文化区和湖湘文化区。地处长江中游，以洞庭湖、湘江为

中心，大致包括今天的湖北、湖南两省。自古以来，这里就是我国东西南北水陆交通的枢纽，有"楚塞三湘接，荆门九派通"的说法。

两湖地区的历史，可以推溯到旧石器时代。"郧县人""长阳人"等的发现，表明早在几十万年前，这里就是远古人类的重要活动地区之一。

传说中的三苗就主要活动在这一地区。彭头山文化、城背溪文化、大溪文化和较晚的屈家岭文化，以及更晚的季家湖文化、石家河文化，都可能是三苗的文化遗存。这里在夏商时期已进入文明时代。

■ 三苗诞生故事壁刻

闽文化区又称为福建文化区。福建地区早在1万年以前就有古人类活动。到了新石器时代，距今约4000年的昙石山文化，在某些文化因素和特征上，已比较接近于邻近地区的良渚文化。

江西文化区又称赣文化区，位于长江中下游以南，邻浙江、安徽、湖北、湖南、广东、福建等省。其范围集中在江西省境内鄱阳湖和赣江流域一带。

江西地区的文化具有悠久的历史。在乐平县涌山岩和安义县城郊，发现旧石器时代晚期的打制石器，说明距今四五万年前，赣江流域已有远古人类活动。

江淮文化区又称两淮文化区。以巢湖为中心，其

三苗　我国传说中黄帝至尧舜禹时代的古族名。主要分布在洞庭湖和彭蠡湖之间长江中游以南一带。当禹的夏部落联盟跨入奴隶社会时，三苗已有"君子""小人"之分，开始有了阶级分化。三苗有"髽首"的习俗，即把麻和头发合编成结。

■ 吴越文化——石镰

滔滔的长江

范围大致包括今天长江以北的江
苏、安徽等地，处在长江文化与
黄河文化交流的过渡地带，是连
接我国南北文化的走廊与桥梁。

　　江淮地区有着悠久的历史文
明和丰富的文化遗存。早在更新
世晚期，江淮地区就有了古人类
的活动。新石器时代，这里又出
现了独具地域特色的潜山薛家岗
文化和苏北青莲岗文化。

　　吴越文化区又称江浙文化
区，以太湖流域为中心，其范围东临大海，西临彭蠡
与两湖文化区、江西文化区接壤，北与江淮文化区隔
长江相望，南邻闽台文化区。

　　吴越文化的渊源可以推溯到旧石器文化时期。到
了新石器时代早期，吴越文化区内相继产生了河姆渡
文化、马家浜文化和南京北阴阳营文化三支自成系
统的原始文化，其丰富多彩的文化内涵充分表明长江
下游的吴越地区也是中华古代文明的主要发源地之一。

　　到了新石器时代晚期的良渚文化时期，吴越地区
的文化已发展到相当高的水平，率先进入文明时代，
"从而翻开了中国东方文明的历史"，并在宗教、礼
制和工艺等方面，对中原地区的商周文化产生过深刻
的影响。

　　进入夏商时代，作为良渚文化后继者的马桥文化
最终与湖熟文化融为一统，使整个吴越文化区的文化

北阴阳营文化

长江下游地区的
新石器时代文
化，因南京市北
阴阳营遗址而得
名，年代为公元
前4000年至公元
前3000年。主要
分布在薛家岗文
化以东的南京、
镇江，向西与薛
家岗氏族为邻，
向东与崧泽文化
相接。主要遗址
有江苏太岗寺、
卸甲甸、庙山，
江浦蒋城子，安
徽朱勤大山等。

面貌趋于一致。春秋战国时期，吴越文化随着吴、越两国的强大，相继称霸于中原，著称于世。

青铜冶炼、造船、航海、纺织、稻作农业、渔业等物质文化，都在当时居先进行列。后来，吴越文化先后融入楚文化和中原文化之中，其特征逐渐开始淡漠。

魏晋南北朝时期，吴越地区在北方动乱不定之时保持着相对稳定的局面，故文化在经济发展的基础上也有了长足的进步，并成为南朝的文化重心，其水平已达到或超过了同时期的中原文化。

隋唐时期，随着大运河的开通和我国经济重心的南移，吴越文化的地位也日显重要，到唐中叶以后已成为全国最重要的文化区。

到了五代和两宋时期，吴越文化得到了全面的发展。而北宋，更有"国家根本，仰给东南"及"两浙之富，国用所恃"之说。

元明清时期，是吴越文化的鼎盛期，其水平在全国首屈一指，时有"东南财赋地，江浙人文薮"之称。

岭南文化区地处我国南端，濒临太平洋，独特的地理特征，奠定了岭南文化的基本特征。岭南一度处于相对孤立、闭塞和落后的状态，很难从邻近文化区中获得先进的文化因素，并与其进行文化交流；又由于它濒临海洋，容易受到海外文化的强烈冲击和影响，使其具有一种开放性、兼容性、善变性文化特征，富有冒险创新精神。

岭南文化可以远溯到

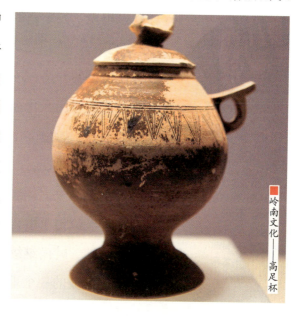

岭南文化——高足杯

岭南文化——客家石磨

旧石器时代。在曲江县马坝区狮子岩出土的"马坝人"头骨化石，是目前广东境内发现最早的人类化石。

到了新石器时期，长江文化已经成为岭南地区的主体文化。如广东新石器中期遗址发现的彩陶，就与我国东南沿海或长江流域的彩陶有关。而广东新石器时代晚期石峡文化遗址发现的有肩石器、几何印纹陶、干栏式建筑及栽培稻等，都说明了它与长江文化的一致性。

大约在商代末年，岭南地区已进入青铜器时代。到了春秋战国时期，岭南的青铜器时代已经历了数百年的自身发展，加上吴越文化、楚文化等的影响和渗透，终于出现了奴隶制的生产关系，文化也得到了进一步的发展。

秦代灵渠的开凿，不仅沟通了长江与珠江两大水系，而且成为岭南文化汲取内地先进文化成就的主要生命线，揭开了岭南文化史上的重要篇章。

魏晋南北朝时期，岭南文化在内地文化的影响下得到了进一步的发展。唐代高僧禅宗六祖慧能，著有六祖《坛经》流传于世，使印度佛教中国化。

唐宋时期，岭南继续向前发展，并成为长江文化与域外文化交流的一个重要据点，初步形成了自身的

马坝人 是1958年在广东韶关曲江马坝西南的狮子山石灰岩溶洞内发现的旧石器时代中期的人类化石，属于早期智人。被发现的马坝人头骨可能是一位中年男性，呈卵圆形，无顶骨孔，眼眶上缘为圆弧形，与尼安德特人相似，鼻骨相当宽阔，与后来的人有所不同。

文化特色，这就是具有平民倾向、充满商业色彩的市井文化。

明清时期，是岭南文化大发展的时期，岭南的戏剧、诗歌、小说、史学和科学技术等方面的成就，均居全国领先地位，在长江文化中占有举足轻重的地位。

桂文化区，又称广西文化区，地处我国南部边疆，南临北部湾，西南与越南交界，东、北、西三面与广东、湖南、贵州、云南等省接壤。长江支流延伸到广西境内，并通过灵渠进一步沟通了与广西地区的联系。它虽在地理上也属岭南地区，但其文化发展上有着自身的特色，因此应该单独划为一区。

"柳江人""麒麟山人"化石的发现，表明早在旧石器时代，广西境内就已经有远古人类活动。到新石器时代，该地区的主体文化就是长江文化。

春秋战国时期，生活于我国东南沿海地区的越人驾驶着"双身船"，大批迁徙到广西东部，这就是文献所载的"骆越"和"西瓯"人。他们在这里创造出了名扬四海的铜鼓文化，并成为今日壮族、侗族诸民族的先民。

综上所述，长江文化是以巴蜀文化、楚文化、吴越文化为主体，

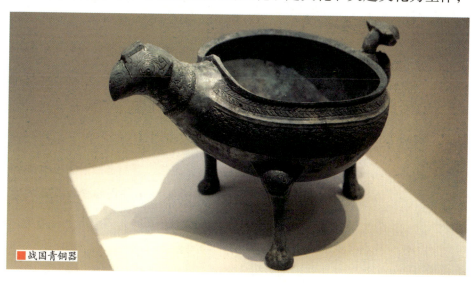

■ 战国青铜器

■灵渠风光

包含滇文化、黔文化、赣文化、闽文化、淮南文化、岭南文化等亚文化层次而构成的庞大文化体系，这些不同的文化共同体，在相同的文化规则下聚合成一个共同的文化体，那就是长江文化。

阅读链接

在成都商业街有一座大型船棺墓。据推测，这是古蜀国开明王朝的王族墓地，数量之多、体量之大，堪称全国之最。该墓是一座大型长方形、多棺合葬的土坑竖穴墓，面积约620平方米。最大的棺木长18.8米。

整个葬具是用上等整块楠树木刳凿而成，形似独木舟。船棺随葬器物也相当丰富，其中以漆木器数量较多，造型精美，保存完好。独木棺为陪葬棺木，有少量陶器和铜器，其棺木也要比船棺简陋许多。在墓坑上还有规模宏大的地面建筑遗迹，范围与墓坑基本一致。

如此规模宏大的墓坑及其地面建筑、巨型船棺、多具殉葬的棺木、精美亮丽的漆器，尤其是大型编钟或编管漆基座表明，这是一处极为罕见的大型墓葬，充分显示了墓主人生前显赫的身份和社会地位。

经世致用的吴越文化风采

　　吴国和越国的史实见诸文献，始自春秋，在《春秋》《左传》《国语》等史书都有记载。在古代，吴和越是活动于长江以南的东南地区的原始居民，是东南地区的两个土著部族。

　　这两个部族实际上同属于古越族——"百越"，是"百越"的分支。吴越之地，半壁春秋，从河姆渡文化、良渚文化一路走来，历经数千年的风雨，吴越文化风采依旧。

　　在我国历史上，有"江南文化始

■ 泰伯 吴国第一代君主。商末周部落首领古公亶父，即周太王的长子。太王欲传位季历及其子昌，太伯便与仲雍同避荆楚，土著居民皆来归附，奉其为君主，称吴太伯，自号"句吴"。太伯三让天下和开发江南的功德深受后人敬仰，被后世奉为吴文化的鼻祖。

泰伯，吴歌如海源金匮"之说。

到了夏商周时期，长江文明得到了进一步的发展，吴越文化成为流域内的主要文化之一。吴越文化又称江浙文化，是一种分布在以太湖流域为中心，大致包括后来的苏南、江西东北的上饶地区，皖南和浙江以及上海的地域文化。吴越文化就是中原的商周文化分别和吴地、越地本土文化相融合发展起来的，又可分为吴文化和越文化。

吴文化是吴地区域文化的简称，它泛指吴地自古以来所创造的物质文明和精神文明的所有成果。吴文化以先吴和吴国文化为基础，经过后世的发育，逐渐形成高峰。

吴文化是开创江南古文明的源头，吴泰伯开创的基业是我国古代历史上最长的一个诸侯国家，吴国具有740年的历史，是历史上任何一个诸侯国都不可比拟的。

吴泰伯南下，把周朝的诗歌和无锡地区的土歌结合起来，创造出新的吴歌，促使古老的所谓"荆蛮文化"和北方文化结合，而发展成为吴文化。

无锡是吴歌的发祥之地，无锡先民创作出了无数的光辉灿烂的无锡山歌、田歌、村歌、渔歌、圩歌、船歌、情歌等，这都是泰伯及其后人的丰功伟绩。

苏州地处长江三角洲，是吴文化的形成中心，在这块得天独厚的土地上，先辈以自己的勤劳和智慧，创造了为世人所瞩目的文化成果。

从物质层面看，有被称为"鬼斧神工"的苏州古城，以及在其基

■苏绣古画

066

滔滔的长江

础上形成的水巷风貌，有令爱国诗人屈原叹服的"吴戈"，有巧夺天工的古典园林，有精美的丝绸，有名列全国四大名绣之一的"苏绣"，有古朴凝重的"香山帮"建筑，更有精细雅致的吴中工艺等。

从文化层面看，吴中有"百戏之祖"的昆曲，有被称为我国最美声音的苏州评弹，有名家辈出的吴门画派，有历史上被称为"南桃北杨"的桃花坞木刻年画等。这些光彩夺目的文化成果，既是苏州对吴文化的发展做出的历史性、代表性贡献，也是苏州对中华文化做出的卓越贡献。

除了吴文化，越文化历史和内涵同样十分丰富，其中越俗、越艺、越学又最能显示越文化的特质。

越俗是指越地民俗，是越文化中最富于区域文化特色的一个部分，其间存留着古老百越族习俗文化的传统基因。这不仅是指古越人断发纹身、凿齿锥

苏州评弹 苏州评话和弹词的总称。它产生并流行于苏州及江、浙、沪一带，用苏州方言演唱。评弹的历史悠久，清乾隆时期颇为流行。最著名的艺人有王周士，他曾为乾隆皇帝亲自演唱过。嘉庆、道光年间有陈遇乾、毛菖佩、俞秀山、陆瑞廷四大名家。咸丰、同治年间又有马如飞、赵湘舟、王石泉等。

■ 苏州评弹壁画

越国舞蹈雕塑

滔滔的长江

髻、踞箕而坐，乃至喜生食、善野音、重巫鬼之类的原始风情，也包括流传于后世的种种越地的民情、礼俗和衣食住行等生活方式以及民间信仰。

从这些习俗信仰中，反映出越人的质朴、悍勇和开拓进取的心理特征，以及一种带有野性成分的精神气质。正是这样的气质，使得越文化不仅与讲求礼乐文饰的中原华夏文明有显著差异，就是同邻近地区的吴文化相比，亦呈现出其自身的独特个性。

越艺，即越地生成的久远而繁盛的艺术文化。越艺和越俗稍有不同，它是中原华夏文明与南方百越族文化相嫁接的产物，艺术形态上受华夏文明多方面熏染，距离百越文化原始、质朴的风貌已相当遥远。

然而，越地艺术文化在骨子里仍有其独特的精神气质，崇尚自然可以说是它的一大特点，由此而体现出来的那种返璞归真的情趣，同百越文化的基因有着血缘关系。

越艺的崇尚自然，首先表现于山水文艺的发达。我国山水文学的传统离不开越地山水，山水与越地艺术结下了不解之缘，此趋势一直保持下来，充分显示了越文化的个性。

越艺崇尚自然还有一种重要表现，便是抒述性灵。如果说山水代表物的自然，那么性灵则意味着人的自然，即情性的自然，而且两者之间常有着紧密的联系，所以发扬性灵也就成了越地艺术文化的传统。

性灵思潮在后世的嵇康、"竹林七贤"的交游活动中得到一定的反响。山水、性灵之外，越艺的崇尚自然还有多种形态，都在不同程度上显现着越艺返归自然的特性。

在商朝末年，长江流域的岭南地区已进入青铜器时代。西周时期，福建地区已进入青铜时代，其文化受到吴越文化、楚文化等的渗透和影响。

西周时期，吴越文化的疆域泾渭分明。到了春秋时期，宁镇地区的吴文化面貌产生了明显的越化，而太湖地区的吴文化因素也多了起来。这些变化体现在墓葬中，极为明显。这说明越文化对吴文化进行了大量渗透和同化。

西周以后，作为福建土著文化的闽文化在吴越文化的强烈影响下最终融合，形成了闽江下游的闽越文化。秦汉以后，福建文化与长江流域其他亚文化一起归入汉文化圈。回眸历史发展的漫长过程，吴文化和越文化"同俗并土，同气共俗"，逐渐在相互交融、激荡、流变与集成中形成统一的文化类型。

六朝至隋唐的晋室南渡，士族文化的阴柔特质及其对温婉、清秀、恬静的追求，改变了吴越文化的审美取向，逐步给其注入了"士族精神、书生气质"。

从南宋直至明清时期，吴越文化愈发向文弱、精致的方向生长。随着工商实业的萌芽，吴越文化除

■ 嵇康 三国时期著名思想家、音乐家和文学家。正始末年与阮籍等竹林名士共倡玄学新风，主张"越名教而任自然""审贵贱而通物情"，为"竹林七贤"的精神领袖。曾娶曹操曾孙女，官曹魏中散大夫，世称嵇中散。

■ 乾隆下江南图

康乾盛世 又称
"康雍乾盛世"，
是清王朝前期统
治下的盛世，也
是古代封建王朝
的最后一次盛
世。起于1681年
平三藩之乱，止
于1796年，持续
时间长达115年，
是清朝统治的最
高峰。

阴柔、精细之外，平添了消费特征和奢华之习。

到清代康乾盛世，苏州和杭州成为人们心目中的天堂，其间不论是经济、科技、教育，还是学术思想、文学艺术，都成为这一文化走向高峰并在全国领先的标示，其影响一直延续下来。

吴越两地比邻相处，其先民皆为百越族，有许多相同的文化特征。但是，吴越两地，由于地域的不同及生产力发展不平衡，也产生了吴文化与越文化的不同魅力。

一是地域文化对吴越文化的影响。在历史发展中，吴文化主要是接受了周文化的影响。太伯、仲雍来到吴地，带来了中原地区的先进生产技术和先进文化，使吴人耳目一新。而当时的越文化，同吴文化相比，就相对保守。

二是生存环境对吴越文化的影响。吴地处在太湖流域的平原上，农业生产比较发达，水陆交通便捷，商品流通便利，社会生活相对稳定，是典型的江南鱼米之乡。

而越地临海滨江，山多平地少，俗称"七山二水一分田"，虽有林、牧、渔、副多种经营，但与吴地相比，生活空间就相对狭隘和闭塞。

由于地理环境的差异，吴文化的内涵就多一些典雅、精巧和柔美，越文化就多一些通俗、朴野和阳刚。吴人虽精明，却安于守成；越人虽朴野，却敢于冒险。这些，无疑对吴越经济的不同模式，都会产生深远的影响。

三是相互争霸对吴越文化的影响。吴越两国以及周围列国为争霸一方，相互为敌，战事不断，在漫长的战乱和争斗中，吴越文化与长江中游的荆楚文化、长江上游的巴蜀文化、黄河流域的华夏文化既交相辉映、相互渗透、多元交融，又相互转化、变换、释放各自的文化能量。作为意识形态的文化力，又影响和作用于政治、经济和社会的变革和发展。

阅读链接

孔子称泰伯为"至德"，司马迁在《史记》里也把他列为"世家"第一。

相传，泰伯和仲雍二人是亲兄弟，本来泰伯兄弟在古公亶父去世后应该依次继承王位。但是他们看到父亲特别喜欢第三子季历的儿子姬昌，便决定主动把继承权让给季历，然后由季历传给姬昌。后来，古公亶父等人接二连三地要他们继承王位，他们都坚辞不受。

为了断绝别人拥立他们的念头，泰伯和仲雍便出逃到东吴荆蛮地区，断发文身，遵行当地落后民族的习惯。周部族的人们见他俩意志坚决，便拥立季历和姬昌，这便是历史上著名的"泰伯让王"的故事。

影响巨大辉煌灿烂的楚文化

　　在"长江文化"体系中，除了吴越文化，楚文化也是一枝独秀，成为长江文化的重要组成部分。楚文化是由春秋战国时期的楚人创造，在长江中游异军突起的地域性文化，也可以说是我国进入信史时代后，第一支影响巨大的南方文化。

■ 荆楚文化建筑

■ 屈原（约前340年~前278年），出生于楚国丹阳，名平，字原，通常称为屈原，又自云名正则，号灵均。是我国最伟大的浪漫主义人之一，也是我国已知最早的著名诗人。他创立了"楚辞"这种文体，也开创了"香草美人"的传统。他写下许多不朽诗篇，成为中国古代浪漫主义诗歌的奠基者，在楚国民歌的基础上创造了新的诗歌体裁——楚辞。主要作品有《离骚》《九章》《九歌》等。

楚文化是古代诸侯国楚国物质文化和精神文化的总称，楚国先民吸收了华夏先民所创造的先进文化因素，并以中原商周文明，特别是姬周文明为基础向前发展。湖北、河南西南部为早期楚文化中心地区，其他各部地区均受其影响深远。

楚原本是一支势力不大的民族，立国虽早，但兴盛较晚，所以形成自己独有文化的时间不早于春秋早期，下限稍延及西汉前期。

楚文化的范围，有一个发展变化的过程。本来楚国、楚人都不难界定，但随着时代的推移，楚国疆域时有变迁。从文化覆盖面而言，楚文化不仅是楚地、楚国和楚族文化的统称，而且泛指所有在楚疆域或楚势力范围内，受楚人影响的地方文化。

文献记载，楚人信巫好鬼的习俗、神秘诡异的艺术、奇幻瑰丽的楚辞文学和自然无为的道家精神，这些都是楚文化的特色，也是楚人吸收南方各族精华的结果。

楚辞，是战国时代的伟大诗人屈原创造的一种诗体。作品运用楚地的文学样式、方言声韵，叙写楚地的山川人物、历史风情，具有浓厚的地方特色。

由于地理、语言环境的差异，楚国一带自古就有独特的地方音乐，古称南风、南音；也有它独特的土风歌谣，如《说苑》中记载的

■ 天问图

楚辞 汉代时，刘向把屈原的作品及宋玉等人"承袭屈赋"的作品编辑成集，名为《楚辞》。并成为继《诗经》以后，对我国文学具有深远影响的一部诗歌总集，是我国汉族文学史上第一部浪漫主义诗歌总集。

离骚 是战国时期著名诗人屈原的代表作，是我国古代诗歌史上最长的一首浪漫主义的政治抒情诗。表现了诗人坚持"美政"理想、抨击黑暗现实、不与邪恶势力同流合污的斗争精神和至死不渝的爱国热情。

《楚人歌》《越人歌》《沧浪歌》。

更重要的是楚国有悠久的历史，楚地巫风盛行，楚人以歌舞娱神，使神话大量保存，诗歌音乐迅速发展，使楚地民歌中充满了原始的宗教气氛。

所有这些影响使得楚辞具有楚国特有的音调音韵，同时具有浓厚的浪漫主义色彩和浓厚的巫文化色彩。可以说，楚辞的产生是和楚国地方民歌以及楚地文化传统的熏陶分不开的。

春秋战国以后，一向被称为荆蛮的楚国日益强大。它在问鼎中原、争霸诸侯的过程中与北方各国频繁接触，促进了南北文化的广泛交流，楚国也受到北方中原文化的深刻影响。正是这种南北文化的会合，孕育了屈原这样伟大的诗人和《楚辞》这样异彩纷呈的伟大诗篇。

《楚辞》在我国诗歌史上占有重要的地位。它的出现打破了《诗经》以后两三个世纪的沉寂，而在诗坛上大放异彩。

后人也因此将《诗经》与《楚辞》并称为"风骚"。风指十五国风，代表《诗经》，充满着现实主义精神；骚指《离骚》，代表《楚辞》，充满着浪漫主义气息。"风""骚"成为我国古典诗歌现实主义和浪漫主义创作的两大流派。

从考古材料上看，楚文化是中原文化的一支，并与南方江汉地区苗、越、濮及巴蜀等土著文化融合，吸收了南方土著文化与北方中原文化的元素，形成了有本土基础而又开放多元的混合型文化。

"楚"最早只是一个族名，后来发展成为国名。楚人自称是黄帝之孙颛顼，即高阳氏。周代立国后，楚臣服于周，受五等爵中的第四等子爵，封在丹阳。这是楚国封土建国的开始。

楚人早期生活环境恶劣，国力弱小。在周王室势力衰落的春秋时期，楚国以江汉地区为中心迅速扩张，不断消灭江汉地区及长江中下游的诸侯国。到了春秋中晚期，楚国已发展到湘江流域以及长江中下游，成为五霸之一。

战国时代，楚国是七雄之中的大国，已基本统一南方的江汉、江淮地区，囊括今湖北、湖南、安徽、江西、浙江，北方至陕西、河南、山东，南方到广东、广西、贵州的一部分，融合了南蛮、东夷、华夏各族，成为当时疆域最大、民族众多的国家。公元前223年，

■西周兽面蕉叶纹簋

滔
滔
的
长
江

■ 楚大鼎雕塑

东夷 古代中原人
对东方民族的泛
称，非特定的一
个民族，所指代
的概念随着中原
王朝疆域的变化
而屡屡变化。夷
又有诸夷、四夷、
东夷、西夷、南夷、
九夷等称呼。随
着东夷与华夏的
融合，汉代之后，
东夷后来变成对
日本等东方国家
的泛称。

楚被秦所灭。至此，楚国有记载的历史已超过800年。

楚国是个注重礼仪的国家，楚人的礼乐制度，沿袭商周的传统，用饮食器和乐器的种类、数量、品质与组合关系，表现社会各阶层的身份。

周人的礼器是以鼎为中心，用鼎的数量和器物的组合关系来表示身份。如诸侯用九鼎八簋、上大夫用七鼎、下大夫用五鼎、士用三鼎等。

在古代，饮食器具与鼎礼制是一切行为的规范，礼的内容有很多，成丁、婚丧、祭祀等均体现出礼的存在。而最具体的礼制表现，就是礼乐场面的饮食器。

所谓"民以食为天"，饮食行为也成为表现礼的一种仪式，食物来源、种类、数量、烹饪方式和饮食器皿的排列组合和纹饰，都成为人们关心的内容。

楚人用鼎基本遵从上述规则。春秋中晚期至战国晚期的王墓和大夫墓，都完全按照周人规定的铜鼎、铜簋数目。在器物组合关系上，直到春秋初期，楚人还完全按照周人铜鼎和铜簋的组合，器物风格也和中原一致。

　　到了战国时期，楚人礼器的组合，基本上由盛牲器、食器、酒器、盥洗器共同构成，和中原稍有区别的只是在食器的演变序列上，中原是按照"簋—豆—敦"的演变过程，楚人则按"簋—敦—盒"的演变。

　　豆是盛肉和调味品的器皿，簋和簠则是盛饭器皿。此外，楚人对盥洗器也格外重视。楚人饮食优裕的状态下，礼器组合上用盛饭的簠代替了中原的簋。而盛酒的壶从来没有从器物组合中消失，组合稳定不变，而且酒器的制作更是精美，形制多样。

　　长江，数千年来以自己甘美的乳汁孕育了无数杰出的英才，陶冶了许许多多各领风骚的文坛巨匠，在我国文学发展史上占尽了风流。

　　春秋时期的庄周和屈原，就是荆楚文化的肥沃土壤培育出来的。庄周的《庄子》和屈原的《离骚》合称"庄骚"，开创了南方文化浪漫主义的先河，对后世产生了深远的影响。东晋的陶渊明、唐代的李白等，也都是长江丰厚的文化底蕴造就出来的伟大诗人。

　　庄子的名篇有《逍遥游》《齐物论》等。庄子的想象丰富，文笔变化多端，其作品具有浓厚的浪漫主义色彩，并采用寓言故事形式，富有幽默讽刺

战国三鸟簠

的意味，其超常的想象和变幻莫测的寓言故事，构成了庄子特有的奇特的想象世界，"意出尘外，怪生笔端"。

秭归是春秋战国时期南方大国楚国的发祥地之一，也是楚国诗人屈原的故乡。屈原"信而见疑，忠而被谤"，在自己被放逐的情况下还"长太息以掩涕兮，哀民生之多艰"。传说"端午节"就是为了纪念这位伟大的诗人。后世为了纪念屈原，专门建立屈原祠。

楚民族是长江浪漫主义的代表。有关资料记载：

大抵北方之地，土厚水深，民生其间，多尚实际。南方之地，水势浩洋，民生其际，多尚虚无。

古时候，楚地笼罩着一种神秘浪漫主义的文化氛围，它孕育了一代浪漫主义大师级诗人屈原，甚至连哲学这么枯燥的学问，也由老子、庄子这样化腐朽为神奇的宗师调弄得活泼、轻灵、自由，富有生机。连高高在上的君王，也产生出许多绮丽绯闻，如楚襄王的高唐云雨巫山，令后人传扬不已。

楚民族的浪漫，无论何时何

庄子 名周，道教祖师，号南华真人，为道教四大真人之一，战国时期著名的思想家、哲学家和文学家，道家学说的主要创始人之一。庄子是老子思想的继承和发展者，后世将他与老子并称为"老庄"。他们的哲学思想体系，被尊为"老庄哲学"。代表作品有《庄子》及名篇《逍遥游》《齐物论》。

■《庄子》竹简

地都能充分地体现出来，甚至连"钱"这一庸俗且单调的阿睹物，楚民族也可将它艺术化、丰富化，制造出神秘莫测的"鬼脸钱"。

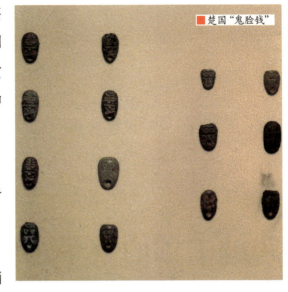

楚国"鬼脸钱"

春秋中期至战国末年，楚国大量通行蚁鼻钱。蚁鼻钱是楚国铸行最广的货币，蚁鼻喻小，意即小钱。

其形上部稍圆，下部稍尖，如背面磨平的贝壳，这种钱几乎没有相同的，绝不单调，又形似鬼脸，富有动感，可谓是千姿百态。这种特点还体现在货币形式的多样性，楚国除了蚁鼻钱外，还铸行黄金和白银称量货币，因而楚国也是战国时期唯一以黄金为流通货币的国家。

阅读链接

楚人给后人留下了很多典故传说。据说在春秋时代，有个叫俞伯牙的人，琴艺高超。

一天夜里，伯牙乘船游览并弹起琴来。他忽听岸上有人叫绝，见是一个樵夫，便请樵夫上船。这个樵夫就是钟子期。

伯牙认定钟子期就是他的知音，与其结为兄弟，二人相约来年仲秋在此地相会。

第二年仲秋，伯牙如期而至，子期却已离世。伯牙在子期的坟前抚琴而哭，弹了一曲《高山流水》。曲终，仰天而叹："知己不在，我鼓琴为谁？"说毕，琴击祭台，破琴断弦，终身不复鼓琴。

跨越千年的繁华之地秦淮河

　　时光流转，时代在不断更替，有些历史却给后人留下了跨越千年的美丽，秦淮河便是其中最耀眼的华章。

　　"十里秦淮"，两岸贵族世家聚居，文人墨客荟萃。昔日秦淮河一带曾烟火繁华，商贾云集，文人荟萃，历代都用"风华烟月之区，

■ 秦淮河风光

秦淮灯船歌

■ 秦淮灯船歌

金粉荟萃之所"来形容。

秦淮河古名"淮水",是长江下游右岸的一条支流,位于江苏西南部,全长110千米。据说秦始皇时凿通方山引淮水,横贯城中,故名"秦淮河"。

秦淮河又名"龙藏浦",相传当初秦始皇东巡至金陵,有方士说金陵乃王气之城,秦始皇为了江山永续,命人挖河断龙脉,因而有了"秦淮河"。

秦淮河早在远古时代就是长江的一条支流,也是我国南京地区的第一大河。秦淮河有两个水源头:北源在句容市宝华山南麓,称"句容河";南源在溧水的东庐山,称"溧水河"。

南北二源合流于江宁的方山埭。这一带河床宽广,水量剧增,形成干流,可通舟楫。然后河水绕过方山,向西北流经洋桥、青砂嘴,沿途汇集吉山、牛首山诸水,再北经刘家渡、竹山和东山,至上方门进入南京市区。

秦始皇(前259年~前210年)嬴政,出生于赵国邯郸。他是我国历史上著名的政治家、战略家和改革家,他建造了首个多民族的中央集权国家,是古今中外第一个称皇帝的封建王朝君主。秦始皇把我国推向了大一统时代,奠定我国2000余年政治制度基本格局,被明代思想家李贽誉为"千古一帝"。

顾野王（519年~581年），字希冯，南朝人。自幼好学，以笃学至性知名，12岁时随父到建安。他是我国古代著名的文字训诂学家、历史学家、地理学家、文学家、诗人、书画家和音乐家。顾野王舍家建寺，后传为美谈。顾野王一生最大成就就是受梁武帝之托编撰字书。

秦淮河大部分在南京市境内，是南京最大的地区性河流，被视为南京的"母亲河"。

秦淮河分为内河和外河，内河在南京城中，是秦淮最繁华之地，被称为"十里秦淮"。这里素为"六朝烟月之区，金粉荟萃之所"，更兼十代繁华之地，被称为"中国第一历史文化名河"。

历史上关于秦淮河的传说和记载有很多，在南北朝末期顾野王所编的《舆地志》中有如下记载：

秦始皇时，望气者云"江东有天子气"，乃东游以厌之。又凿金陵以断其气。今方山石硖，是其所断之处。

在石器时代，秦淮河流域就有人类流动。沿河发

■ 秦淮河风光

现原始村落遗址50多个，著名的有湖熟文化遗址和窨子山遗址等。

六朝时期，秦淮河河身宽阔，自石头城东至运渎，设有24座浮航，平时浮航通行，战时断舟撤航。

秦淮河两岸有大小集市100多处，东吴以来一直是繁华的商业区和居民区。历代有许多达官贵人住在秦淮河畔，如东晋时的主要谋士王导和谢安等。

尽管隋唐以后，秦淮河畔渐趋衰败，但是，仍有许多文人墨客在这里凭吊吟叹。其中，最有代表性的诗作是唐代诗人刘禹锡游金陵时，看着以前非常显赫的王谢宅第，即兴感怀，作了《乌衣巷》，慨叹历史的变迁：

■ 秦淮河画舫

朱雀桥边野草花，乌衣巷口夕阳斜。
旧时王谢堂前燕，飞入寻常百姓家。

秦淮河两岸建有不少佛寺，建初寺位于南京城外之中华门外，孙吴第一个寺庙，也是江南最早建立之寺院，又称聚宝山、大报恩寺。247年，康僧会至吴都南京弘扬佛教时，吴王孙权信服其教法而创建本

孙权（182年~252年），吴太祖，字仲谋。三国时代东吴的建立者。父亲孙坚和兄长孙策，在东汉末年群雄割据中打下了江东基业。孙权19岁时，兄长孙策被杀身亡，孙权继而掌事，成为一方诸侯。

寺，建阿育王塔，据传系阿育王八万四千塔中之一。

此地亦称"佛陀里"。由此因缘，江南佛教遂兴。康僧会曾于此编译六度集经等经，并注安般守意、法镜、道树三经。吴王孙皓时，仅存本寺，号天子寺。

西晋永嘉年间，西域僧帛尸梨蜜多罗曾于本寺译出孔雀王经等密教经典。后历经宋、齐、梁、陈等南朝诸国，随朝代之更迭，亦几经更名为长庆寺、奉先寺、天禧寺、大报恩寺等，直至明代皆为江南佛教中心道场之一。

东晋孝武帝初年，支昙籥奉敕住此，制六言梵呗。梁代僧佑幼时就本寺僧范出家，并住此弘扬律学。492年，明彻就僧佑受诵律，亦住此寺弘诸大乘经论。

此外，竺慧达、竺法旷，及禅宗法眼宗匡逸、玄则、法安等高僧皆曾住此弘法。明成祖曾赐一磁制塔，塔有八角八棱九层，五彩灿烂，炫人眼目。

东晋时期始建的瓦官寺是一座极负盛名的千年古刹。寺址原为官

凤凰台美景

■ 秦淮夫子庙

府管理陶业机构的所在地，故名"瓦官寺"。至今，
该寺已经有1000多年的历史。古刹瓦官寺是除建初寺
以外南京最古老的寺庙，晋代著名雕塑家戴逵父子为
古刹铸造过五尊铜像。

古刹因顾恺之画《维摩诘居士像》而成名，又因
异鸟飞临此处，才有了后来的凤凰台。

凤凰台是一处亭台，位于今南京城内西南隅凤游
寺一带。关于凤凰台还有一个传说。

相传，439年，也就是南朝刘宋文帝元嘉十六
年，有三只状似孔雀的大鸟——百鸟之王凤凰，飞落
在永昌里李树上，招来了各种鸟类随其比翼飞翔，
呈现出百鸟朝凤的盛世景象。

为了庆贺和纪念这一美事，人们将百鸟翔集的永
昌里改名凤凰里，并在保宁寺后的山上筑台，名为凤
凰台。

后来，唐代著名的大诗人李白曾登游此台，看到

李白 （701年
~762年），字太
白，号青莲居士，
唐代诗人。李白
与杜甫合称李杜，
有"诗仙""诗
侠""酒仙"和
"谪仙人"等称
呼，李白才华横
溢，是我国历史
上最杰出的浪漫
主义诗人。其作
品天马行空，浪
漫奔放，意境奇
异；诗句如行云
流水，宛若天成。

凤凰台的美景，不禁赋《登金陵凤凰台》道：

凤凰台上凤凰游，凤去台空江自流。

吴宫花草埋幽径，晋代衣冠成古丘。

三山半落青天外，二水中分白鹭洲。

总为浮云能蔽日，长安不见使人愁。

到了明清时代，秦淮河畔更是人烟稠密，金粉楼台，十分繁华。秦淮河畔的夫子庙、贡院成了朝廷挑选人才的地方。

秦淮河是桨声灯影里的秦淮河，也是金陵烟雨中的秦淮河。秦淮八艳、乌衣巷、王谢故居等都伫立于秦淮河畔，流连于六朝烟雨中。秦淮河在几经冷落、再度繁华中，成为商贾云集、画舫凌波的江南佳地，历代文人墨客对秦淮河也都怀有别样的情怀。

"衣冠文物，盛于江南；文采风流，甲于海内。"古往今来，星移斗转，在这"江南锦绣之邦，金陵风雅之薮"，以及"十里珠帘"的秦淮风光带上，点缀着数不尽的名胜佳景，汇集着说不完的逸闻掌故。在这十里秦淮，不知涌现了多少可歌可泣的人物，又留下了多少可记可述的史迹。

阅读链接　　秦淮风光，以灯船最为著名。河上之船一律彩灯悬挂，游秦淮河之人，以必乘灯船为快。我国著名散文家朱自清有一名篇《桨声灯影里的秦淮河》，在这里，我们可以领略秦淮河畔的灯船丰采。后世经过修复的秦淮河风光带，以夫子庙为中心、秦淮河为纽带，包括瞻园、夫子庙、白鹭洲、中华门，以及从桃叶渡至镇淮桥一带的秦淮水上游船和沿河楼阁景观，可谓集古迹、园林、画舫、市街、楼阁和民俗民风于一体，极富感情和魅力。

绵绵江水福荫华夏千秋万代

百万年以来，伟大的母亲河长江奔流不息，养育了一代又一代的长江儿女，她以滔滔不绝之势哺育着华夏大地。

长江因其资源丰富、支流和湖泊众多，形成了我国承东启西的重要经济纽带。长江流域气候温和，雨量充沛，物产丰富，中华鲟和白

■长江图

■《长江积雪图》

滔滔的长江

银杉 为我国特产的稀有树种，国家一级保护植物。银杉是松科的常绿乔木，主干高大挺直，挺拔秀丽，枝叶茂密。银杉雌雄同株，雄球花通常单生于二年生枝叶腋；雌球花单生于当年生枝叶腋。球果两年成熟，呈卵圆形。

河神 即常说的河伯。河神常指黄河水神，是我国古代最有影响的河流神。殷王朝建立以后，对河神的祭祀极为重视，建立河神庙，春秋战国时期地方性的河流崇拜也十分活跃。

鳍豚驰名中外。

长江流域分布许多珍稀濒危物种，大多早在新生代第三纪前后就繁盛起来，其中水杉、银杉和珙桐早已成为地球上的珍稀物种。

滚滚长江水，以永不枯竭的动力昭示历史，演绎传奇。

古时候，有人崇拜河神，认为是河神主宰着水里的一切。但是，早在公元前256年的秦昭襄王时期，祖先就打破了盲目崇拜，依据长江独特的地形地貌，建设了举世闻名的都江堰，使长江真正成为了两岸人民的福祉，为两岸百姓的生产生活造福。

长江从青藏高原各拉丹冬雪山历经6380千米的长途跋涉，最终汇入东海，行走的足迹横贯全国，每时每刻都奔涌向前，实现着与世界的交融。

长江的水哺育了她的儿女，她勇往直前的精神也感染了一代又一代的华夏儿女，并被儿女们所继承，正是这种精神激励着中华儿女创造了一个又一个奇迹。

改革开放后的数十年对于滚滚长江来说只是"逝者如斯"的一瞬间，然而对于我国却发生了翻天覆地的巨变。

两岸人民，推陈出新，与时俱进，向世人展示长江人"敢叫日月换新天"的勇气和力量，以及华夏儿女拼搏进取的精神。淳朴的长江儿女，岁月不仅改变了他们的容颜，同样改变了他们的内心，创新精神体现了古老的长江文明，也体现了博大的中华文明。

正如长江激荡着奔向大海，长江儿女也以开拓的精神奔向世界，展现出中国的力量。

滚滚长江，历史传承。在千年文明的积淀中，长江精神也是一种传承历史的精神。长江源头的那一滴滴活水是千年冰川的融化，是千年汇集的历史精华。

■《长江万里图》

"你从远古走来，巨浪荡涤着尘埃，你向未来奔去，涛声回荡在天外……"这正是传承长江千年文明的体现。只有传承，才有发展，才会有更长久的巨变。

滚滚长江，大浪搏击。长江精神更是一种开拓进取、勇于牺牲的精神。从源头那一滴滴水汇集成波涛汹涌的大河，长江像一位激昂伟岸的父亲，用他那有力的浪涛为儿女开辟了一条通向远方的航道。

滚滚长江，继往开来。长江是一种永不枯竭的民族之魂，激励着中华民族从远古走向未来，从中国走向世界，以继往开来、开拓进取的精神屹立于世界民族之林。

伟大的母亲河长江，以其独特的姿态传承着古老文明国度的文化，并成为中华民族的独特福荫。

阅读链接

长江在航运方面造福了长江流域，也将鱼米之乡的富饶成果带到了全国各地，造福了古今的全国人民。但是，长江仍时有水患发生。

据说，当年秦昭王派李冰为蜀郡太守，李冰到任后最大的业绩是平除蜀郡的水患，建造了都江堰。人们感于李冰的功德，不少关于李冰父子的传说在民间广为流传。

相传，李冰根除了为江神娶妻的陋俗，化身为水牛与江神争斗，终于除掉了为非作歹的江神。后来，他又与儿子"二郎神"带领"梅山七圣"降了危害人间的恶龙。这些传说的产生与流传，表现出人们对治理水患的李冰父子的无比爱戴。